Team Topologies

Organizing Business and Technology Teams for Fast Flow

高效能团队模式

支持软件快速交付的组织架构

[英] Matthew Skelton [西班牙] Manuel Pais 著

石雪峰 董越 雷涛 译

電子工業出版社

Publishing House of Electronics Industry

北京•BEIJING

内容简介

高效能软件开发团队是任何组织能够持续交付价值的关键。

本书主要介绍了高效能团队模式——团队拓扑，为组织设计和团队交互提供了一种实用的、分步的、适应性的模型，将团队视为交付的基础，团队结构和沟通路径能够随着技术和组织成熟度的发展而演变。

在本书中，IT 顾问 Matthew Skelton 和 Manuel Pais 为读者展示了软件组织设计方面的重大进展。通过行业案例和专项研究，他们设计了一种良好定义的团队间交互和关联方式，这有助于软件架构更清晰、更持续，并将团队间的问题转化为有价值信号，为自治团队提供指导。

本书适合关注软件系统开发和运维过程效率的公司领导层、软件和系统架构师，以及参与到构建和运行软件系统的任何人阅读。

版权贸易合同登记号　图字：01-2021-2188

图书在版编目（CIP）数据

高效能团队模式：支持软件快速交付的组织架构 /（英）马修•斯凯尔顿（Matthew Skelton），（西）曼纽尔•派斯（Manuel Pais）著；石雪峰，董越，雷涛译 .—北京：电子工业出版社，2021.8

书名原文：Team Topologies: Organizing Business and Technology Teams for Fast Flow

ISBN 978-7-121-41082-6

Ⅰ . ①高… Ⅱ . ①马… ②曼… ③石… ④董… ⑤雷… Ⅲ . ①企业管理 – 应用软件 – 软件开发 Ⅳ . ① F272.7

中国版本图书馆 CIP 数据核字（2021）第 075682 号

责任编辑：付　睿

印　　刷：中国电影出版社印刷厂

装　　订：三河市良远印务有限公司

出版发行：电子工业出版社

北京市海淀区万寿路 173 信箱　邮编：100036

开　　本：720×1000　1/16　印张：14.5　字数：200 千字

版　　次：2021 年 8 月第 1 版

印　　次：2022 年 1 月第 3 次印刷

定　　价：89.00 元

凡所购买电子工业出版社图书有缺损问题，请向购买书店调换。若书店售缺，请与本社发行部联系，联系及邮购电话：（010）88254888，88258888。

质量投诉请发邮件至 zlts@phei.com.cn，盗版侵权举报请发邮件至 dbqq@phei.com.cn。

本书咨询联系方式：（010）51260888-819，faq@phei.com.cn。

中文版推荐序

陆止于此，海始于斯。

——葡萄牙诗人卡蒙斯

2019年冬，我们一行来到葡萄牙首都里斯本，参加DevOps World | Jenkins World Lisbon大会。在大会现场，我们遇见了*Team Topologies*一书的联合作者Manuel Pais，他的演讲*Why You Need to Think About Team Design for CI/CD*中有如下两个要点让我们心有戚戚。

一是他认为："我们需要以团队为中心的方法来实现可持续的CI/CD，而不是以工具为中心。"

二是他分享了四类团队类型和三种交互模式，四类团队类型包括：流动式团队、赋能团队、复杂子系统团队、平台团队；三种交互模式包括：协作、服务、促进。这种全新的团队组织设计与协作模式带给我们很大的启发。高效运维和DevOps时代社区一直致力于在国内推行DevOps、推广中国信息通信研究院牵头的DevOps系列标准，在这个过程中我们与国内企业和相关专家进行了大量的交流，交流中总会谈到组织与文化。*Team Topologies*一书的目的就是要解决组织和文化的问题。

如果你在实践DevOps的过程中，想要解耦一个巨大的单体软件系统、提升软件开发团队的效率及持续改进团队拓扑以适应业务变化的需求，那么将这本书推荐给你，你一定能在这本书中找到一些答案。

华为提出"方向要大致正确，组织要充满活力"，那么科技组织如何才能充满活力呢？这本书假设一个组织是一个社会技术系统或者一个生态系统，这个系统由个体和团队之间的交互塑造而成，也就是说，一个组织应该是人和技术共同作用的结果，这是生机勃发的动态组织的特点。

这本书基于大量的研究成果，借鉴了大规模开发和运行软件系统的成功实践。在BookAuthority于2020年评选的“100 Best Product Management Books of All Time”中排名第3，同时经常高居亚马逊（美国）网站上计算机编程结构设计类图书榜首，软件设计、测试与工程类图书畅销书榜单前20，这充分说明业界对一本解决组织模式问题的图书是多么渴望。

怀揣作者赠送的签名版*Team Topologies*，我们从里斯本回到北京，DevOps三剑客（石雪峰、董越、雷涛）一拍即合，希望引入这本书。在电子工业出版社博文视点的帮助下，三剑客从2020年春节开始了本书的翻译工作。在2021年的夏天，这本书终于要和国内读者们见面了。

这本书的三位译者都是行业内的领军人物：

石雪峰，一位爱折腾的大侠，DevOps标准核心编写专家，京东商城工程效率专家，极客时间专栏《DevOps实战笔记》作者，《Jenkins 2权威指南》联合译者，Jenkins全球大使。

董越，一位博识有趣的大侠，DevOps标准核心编写专家，《未雨绸缪——理解软件配置管理》与《软件集成策略——如何有效率地提升质量》作者，国内最早出版的Git图书《版本控制之道——使用Git》译者。

雷涛，一位温文尔雅的大侠，DevOps标准核心编写专家，华佑科技CTO，《Jenkins 2权威指南》联合译者，Jenkins全球大使。

翻译外文图书非常辛苦，我们目睹了DevOps三剑客字斟句酌、精益求精的翻译过程，感谢三位译者石雪峰、董越、雷涛以及博文视点编辑付睿同学付出的非凡努力，你们为国内读者们奉上了这本高价值的图书，向侠之大者致敬。

里斯本的罗卡角位于欧亚大陆最西端，号称世界的尽头，大航海时代无数先驱望着罗卡角的灯塔，航向大海。“陆止于此，海始于斯。”《高效能团队模式：支持软件快速交付的组织架构》就像一座灯塔，指引我们从固态组织（陆）航向动态组织（海），期待科技组织大航“海”时代的到来。

萧田国
高效运维社区创始人
DAOPS基金会全球理事

景韵
DevOps时代社区联合创始人
DAOPS基金会首席布道师

这张合影拍摄于2019年12月罗卡角，我们参加DevOps World | Jenkins World Lisbon大会的途中。“陆止于此，海始于斯”的大航海时代的画卷就在此徐徐展开。

推荐语

团队作为IT组织最基础的能力单元，是IT治理的坚实着力点。在围绕IT运营转型、IT价值洞察、科技风险治理三大领域的IT新治理模式中，团队组织设计与交互模式是必谈的话题。企业在落地DevOps、FinOps的过程中，需要打造集合业务、财务、科技（开发、测试、运维）的高效能团队模式，构建以价值为导向、兼顾风险、敏捷精细的IT新治理能力。

——杨玲玲，中国信息通信研究院云计算与大数据所治理与审计部副主任（主持工作）

近年来，金融行业广泛通过实施DevOps来进行数字化转型。DevOps的核心在于通过企业级的工具与标准，消除员工个体的差异，快速实现企业级能力的提升。但在实践DevOps的过程中，我们发现团队能力的提升和组织模式的演进依然无法回避，团队作为企业最小也是最核心的作战单元，最终决定了整个企业数字化转型的成效。我们都是企业组织结构的局中人，也应该成为企业组织结构的破局者。本书系统地描述了组织设计模型，包括四类团队类型和三种交互模式，这对我们打造高效能团队很具参考价值。

——温建波，中国工商银行软件开发中心项目办总经理

数字化转型要求企业具备超强的感知、洞察能力，由全方位数据支撑的明智决策能力，快速创新、复制、组装的研发上线能力。如何快速研发上线？精益、敏捷、DevOps、产品制、部落制等都离不开高内聚、松耦合

的IT架构，以及与之匹配的开发组织结构。本书以康威定律为基础，结合邓巴理论，通过正向推导、逆向演绎、深入浅出，提供了建立一个灵活、高效团队的方法论，为企业数字化转型建设打下了坚实基础。

——廖定，锦州银行信息技术部联席总经理

在云原生、DevOps和精益敏捷的大浪潮下，软件开发模式也发生了深刻的变革，然而支撑软件开发的组织架构却多年没有明显变化，已经变得越来越难适应。作为传统金融机构的金融科技负责人，我在企业数字化转型的过程中反复思考我们作为强监管的金融机构，在拥抱新模式时应该用什么样的组织形式来推动有价值的产品开发。本书是少有的介绍敏捷组织架构的图书，全书围绕康威定律阐述了我们需要什么样的组织架构才能更好地推动、提升端到端价值交付的效率，非常值得一读。

——何波，中泰证券股份有限公司金融科技委员会主任&科技研发部总经理

在DevOps变革中，企业必须选择合适的团队拓扑来提升各个团队之间的协作效能，进而提高DevOps变革的成功概率。康威定律告诉我们有什么样的团队拓扑就会有什么样的软件架构，换言之，团队拓扑设计会在一定程度上限制技术方案的可能性。如果你想深入了解团队拓扑设计与团队协同提效之间的制约与关系，或者你对团队拓扑设计和研发效能提升两者之间的相关性有所疑惑，那么本书都会是你的不二选择。

——茹炳晟，腾讯技术工程事业群基础架构部T4级专家，腾讯研究院特约研究员

《高效能团队模式》为如何预测、适应市场和技术变革提供了新的洞察。企业为了生存需要忘记既有的管控架构，并向具备最有效信息的领导

者授权，以便快速采取行动并做出响应。本书有助于企业高管和商业领袖专注于高效能团队的关键战略，从而有效地应对当下的需求并面向未来持续演进。

——Barry O'Reilly，ExecCamp创始人，商业顾问，*Unlearn*和《精益企业》[1]（*Lean Enterprise*）作者

对于管理而言，没有什么比要如何搭建组织结构并激发你所鼓励的行为发生更加基础的。尽管如此，很少有人会针对跨越数字化、DevOps和SRE的IT组织结构转型背后的组织设计模型进行归类分析。Skelton和Pais不仅接受了这个大胆的挑战，也通过创建一种难以获取的独特资源达成了这个目标。

——Damon Edwards，Rundeck联合创始人

《高效能团队模式》为以增加流动性为目标的评估和优化团队组织提供了一种必要的框架。那些具备合理规模、合理边界及合理沟通级别的团队，将为公司带来价值，并使团队成员感到满意。《高效能团队模式》将系统方法与现实案例研究相结合，并以此释放技术团队的全部潜力。

——Greg Burrell，Netflix高级可靠性工程师

Matthew Skelton和Manuel Pais的《高效能团队模式》是独一无二的。它将给技术企业带来深远的影响。我们需要一种结构化的、有条理的方法来塑造持续交付团队，而并非照搬Spotifty的经验，这正是本书带来的价值。

——Nick Tune，Navico API平台主管

1 若本书中提及的图书有中文译本，则会给出中文书名，否则只保留了英文书名。同样，若英名人名有被人熟知的中文译名，则进行了翻译，否则不进行翻译。——编者注

在Condé Nast International，对于理解我们的DevOps现状，以及定义我们孜孜不倦追求的DevOps实施模型的远景目标来说，“DevOps拓扑”都是至关重要的。我们可以通过书中细致描述的模型来绕开陷阱，避免陷入团队反模式。我为Matthew和Manuel从DevOps拓扑中收获的成长，以及他们将进一步的研究转化为深远的组织设计《高效能团队模式》一书而感到非常欣喜。

——Crystal Hirschorn，Condé Nast工程、全球战略和运营副总裁

那些高效能团队是现代数字化经济价值的核心源动力。但是培养和规模化这类团队的生态系统常常是一个难以实现的目标。在《高效能团队模式》一书中，Skelton和Pais为下一代数字化运营模型提供了创新性的工具和理念。强烈将这本书推荐给全球的CIO、企业架构师和数字产品策略专家们。

——Charles Betz，Forrester Research首席分析师

Matthew Skelton和Manuel Pais说《高效能团队模式》是一本工具书，的确如此。本书良好的结构和清晰的标识来源于深度思考，这些让读者像作者一样认为一个组织是一个社会技术系统[1]或者生态系统。基于这种假设得出了实用建议、操作指导及一种构建有效的技术人文组织设计方法的技巧。对于技术组织设计领域的任何人来说，《高效能团队模式》都值得一读。

——Naomi Stanford博士，组织设计实践者、导师和《组织设计指南》作者

我认为Matthew和Manuel在模式和语言方面的研究，无论对于组织内部随时间塑造组织转型策略，还是帮助业务和技术领导者将组织和持续交

1 社会技术（sociotechnical）系统是一种关于组织的系统观点，也就是说，组织既是一个社会系统，又是一个技术系统。组织中的社会系统不能独立于技术系统而存在，技术系统的变化也会引起社会系统发生变化。为了更好地提高生产效率与管理效果，企业需要对社会系统和技术系统进行有效的协调。这一观点同著名的康威定律一脉相承。——译者注

付联系起来，都具有难以置信的价值。

——Richard James，Nationwide数字技术与工程主管

团队是组织最基本的组成部分，对于中等效能和高效能组织而言，团队如何工作及在哪些系统中运营都不尽相同。本书对于你要如何根据当下状况来优化组织系统来说可谓是智慧的源泉。

——Jeremy Brown，Red Hat开放创新实验室EMEA主管

DevOps很重要，但是真实世界中的组织要如何切实构建自己从而实现DevOps呢？你不能将所有人都安置于一个独立竖井式的团队中，或者所有人都坐在一个大而空旷的办公室中并一起吃午饭和踢足球。《高效能团队模式》为回答DevOps的关键问题提供了一些实践模板，而其他一些问题则作为练习留给读者。

——Jeff Sussna，Sussna Associates创始人&CEO，*Designing Delivery*作者

如果你寻找一本书来分析传统工作方式下的挑战，并且要获得一些迁移战略方面的实践指导，比如新的交互模式、降低认知负荷、建立合理的团队API等，那么我将这本书推荐给你。

——Daniel Bryant，InfoQ技术顾问&新闻经理

《高效能团队模式》是一本引人入胜的读物，它探索了团队与团队支撑的IT系统结构之间的共生关系。超越了静态组织结构图或自组织混乱等通用方法，展示了如何让人际系统和IT系统共同发展的方法。

——Mirco Hering，埃森哲DevOps主管，
*DevOps for the Modern Enterprise*作者

译者序

2019年初冬，我与本书的另一位译者雷涛、发起人景韵有幸作为Jenkins社区最有价值贡献者的代表，受邀来到葡萄牙里斯本参加DevOps World | Jenkins World Lisbon大会，同全球顶级专家们一起探讨DevOps的未来发展。欧洲人固有的浪漫主义在此次大会中体现得淋漓尽致，也正是在会后Party上，我邂逅了本书的作者Manuel，他一边吃着比萨，一边随意地拉了张桌子签名送书，这给我留下了深刻的印象。没错，这本书正是呈现在你面前的《高效能团队模式》一书的英文原书。

其实在很多年前，网上就开始流传本书的前身DevOps拓扑相关内容。彼时DevOps刚在国内起步，作为一个新鲜玩意儿，大家都不清楚DevOps应该是哪个团队的职责，以及怎样才能在组织内部实践和推广DevOps。DevOps拓扑的出现恰逢其时，它用最浅显易懂的图形总结了企业中实践DevOps的几种模式与反模式。特别是，DevOps拓扑针对组织是否应该组建一个独立的DevOps团队给出了负面的观点，这一时间成为业内争论的热门话题。

随着行业内DevOps知识体系的不断成熟，以及多年以来在企业中身体力行的实践，我越发感受到一个深刻的道理，那就是：很多时候，技术能够解决的问题都不是问题，而最大的问题在人身上，确切地说是在由个人构成的组织身上。引用我非常尊敬的一位领导的话来说："所有的事情归根结底都是人的事情，只要人对了，那么事情就都对了，所以组织最重要的事情是去发现人、培养人、激发人心中的火花。"对此，我深以为然，可见组织和人的问题才是"Being DevOps"的最大障碍。

道理虽如此，但组织的问题往往也是最难解决的问题。这也是为什么纵观行业内的大会分享主题，大部分人关注的是可以快速见效的自动化工具，而忽略了组织和文化的变革，毕竟组织和文化的变革难以可视化，也更难度量有效性。每家企业所处的行业环境、竞争模式、产品形态和人才结构都不尽相同，组织变革也没有一条普适的“成功路径”，那么何谈总结出一套通用的组织类型和交互模式呢？于是乎，DevOps中最重要的组织和文化渐渐成了一种迷思，即便一些广为流传的成功案例，也被认为是“别人家的事情，对我们来说并不适用”。可回避问题真的就是解决问题的方法吗？Manuel和Matthew对此给出的答案就在本书中。

我第一次阅读本书的英文原书是在去年国内疫情最为严重的时候，封闭在家，但也多了很多自己的时间。我不得不承认，整个阅读过程充满了艰辛，一方面欧洲作者的艺术气息让整本书充满了大量难懂的词汇和复杂的嵌套语句，另一方面书中涉及的多元文化，大量的人文、社会学知识像一条巨大的鸿沟。回想起我当年第一次看《持续交付》一书的时候，也是同样的感觉，认知的差距让我很难轻松理解书中的观点和理念。

随着翻译工作的推进，在逐字逐句的推敲过程中，书中很多闪耀光辉的观点开始慢慢显现，这本书就像一个隐藏的宝藏，总能让你获得感同身受的惊喜及对实际工作的启发。我想说的是，这本书并非一本快餐读物，而是需要结合实际工作场景，静下心来细细品味的作品。无论你是团队管理者、架构师，还是平台产品经理、普通的研发技术人员，都能从书中汲取思想的养分，享受属于你自己的知识盛宴。你会不停地反思组织设计、交互、角色、职责等方面的观点，并且身体力行地在项目中进行实践。相信我，随着工作经历的丰富，你会慢慢感受到与作者思想同频的愉悦感，而且这本书也能为个人和团队的发展指明方向。

翻译过程历时一年，前后大改了三稿，以及进行了无数次字斟句酌的优化。很庆幸在整个翻译团队的相互鼓励下本书终于接近完成。在这个过程中，我也深刻地感受到了团队的力量，那就是大家为了共同的目标、共同做成一件事而努力。其中董老师老顽童一般笑看人生的境界，对工作流程的精益求精，雷老师严谨细致的工作作风，对细节的极致追求，都让我受益良多，我充分感受到了团队协作的魅力。当我写下这段文字的时候，回顾过去一年，内心感慨良多。我们一直秉承追求极致、谨言慎行的态度，希望你在阅读本书的时候，也能够感受到我们的用心。

感谢博文视点付睿编辑的专业指导和精雕细琢，她是本书的幕后英雄。感谢高效运维社区的景韵和萧总促成了本书的引进和出版，他们共同书写的推荐序是如此文采飞扬、激荡青春。感谢我的家人的支持与理解，正是他们教会了我心中要充满热爱。

“道阻且长，行则将至。”这句话出自《诗经》及《荀子·修身》，意思是前行的道路漫长并充满阻碍，只要坚持心中的火花，就一定能够抵达目的地。组织效能是企业永无止境的追求，愿本书能够陪伴你在这条道路上不断披荆斩棘，在成就他人的过程中也收获属于自己的成长。

石雪峰

2021年5月

MATTHEW

献给我的妻子Suzy Beck，以此感谢你给予我的支持和灵感。

MANUEL

献给Katie，我的终身伴侣和家庭后盾，感谢你不知疲倦的爱与支持。

献给Dan和Ben，你们是我日常温暖的源泉，希望这本书能够帮助你们理解你们的父亲。

序言

我们始终追求让系统保持小而美的状态，但是大多数成功的系统都难以做到这一点。雷曼软件进化定律，特别是持续增长法则，反映了随着系统的使用、不断涌现出新需求和机会，给软件能力扩展带来了巨大的压力。为了应对这种日益增加的复杂性，并且从中受益，需要极大地提升双模设计领域的重要性：系统设计及创建和迭代这些系统的组织设计。关于前者，我们已经投入了大量的精力，比如领域驱动设计、软件架构方面的图书品种数在持续快速的增加。而《高效能团队模式》则更关注软件开发组织设计，这一点同康威定律可以说是一脉相承的。

> 一种基本的观点是，设计系统的组织由于受限于组织的沟通结构，只能设计出与之类似的系统架构。我们发现，这对于系统设计管理方面存在显著的影响。从根本上讲，我们发现了一种设计组织的架构标准，即组织设计需要以满足沟通的需要为导向。

上面这段文字援引自梅尔·康威发表的软件开发组织设计领域的经典论文，这正是本书的绝佳起点。《高效能团队模式》描述了与团队结构和交互模式相关的组织模型，将组织对系统的作用作为驱动设计的关注点。

随着系统复杂性的提升，组织构建和进化方面的认知需求也会随之增加。通过定义清晰的职责和边界来管理团队间的认知负荷，是团队拓扑方法在团队设计方面最与众不同的特点。实现适当范围、有限职责、自然且相对独立的（子）系统结构是团队想要达成的目标。这也考虑了康威定律，并通过康威定律来维护一个具有清晰边界的松耦合、高内聚结构（也就是众所周知的逆康威定律）。

从这方面看，《高效能团队模式》可以作为康威论文的有用论述。当然，本书的内容不止于此。值得特别关注的是，本书定义了四类团队模式，并描述了它们的产出、组织形式及塑造这些模式的影响因素。流动式团队是最主要的团队形式。这种团队针对流动进行优化，它们的目标就是持续交付价值，并且职责完全闭环。这意味着系统设计不仅要追求低耦合，而且要尽量解耦，从而支持流动式团队间的流动及更少的依赖和协作需求。复杂子系统团队和平台团队降低了流动式团队的工作负荷，将下游作为上游子系统或平台能力的内部用户，支持多个流动式团队全流程的开发、交付和运维工作。赋能团队同样服务于另一个团队，并作为服务的提供者，帮助流动式团队学习和预研新技术，使流动式团队在保持专注的同时获得效率方面的提升。

Matthew Skelton和Manuel Pais利用他们丰富的经验，在本书中不仅描述了如何帮助这些多样化形式的团队获得成功，也强调了实际应用中的变量，识别设计本质，指出那些需要回避的反模式。他们非常慷慨地提供了相关工作的指引和洞察，并通过大量的学习案例进一步充实了本书的内容。

《高效能团队模式》通过对这些关键组织模式、动态交互模式及组织进化方面细致入微的展示，丰富了我们对于组织结构的理解。而正是因为本书的清晰和聚焦，使本书可以作为一个实用指南，在组建团队时赋予团队面对挑战迎难而上的能力，帮助现有团队在响应价值交付方面变得更加有效。

——Ruth Malan，Bredemeyer Consulting公司架构咨询师

前言

［现代］组织设计……是基于用户的协作设计。

——Naomi Stanford，摘自 *Guide to Organization Design*

团队总有忙不完的事情，但如果将团队和业务关联，那么它就成了持续不断交付价值的最佳选择。理想情况下，团队应该长期存在、自我管理并拥有充满热情的成员。但实际上，团队并非孤立存在的，团队需要明白什么时候、如何跟其他人产生交互。而这些交互方式也会随着时间不断演进，从而支持产品和技术在整个生命周期不同阶段的探索和运转。简而言之，组织不仅要努力做到团队自治，还要不断地思考和与时俱进，以便快速地向客户交付价值。

本书提供了一种实用的、分步的、适应性的组织设计模型，我们在不同成熟度的公司业务中都曾实践和观察过这种模型，团队拓扑由此而来。

然而，团队拓扑并非成功构建和运行软件系统的通用模式。即便有些团队的动态组织形式和本书描述和推荐的差异巨大，也并不妨碍他们取得巨大的成功（特别是在那些拥有优秀文化和最佳实践的组织中）。

团队拓扑希望提供一种清晰明了的模式，以满足不同团队和组织的参考和解释的需要，而不是指导大家应该如何操作。我们愿意将团队拓扑看作管弦乐队或大型乐团中的一系列音乐篇章，而不是一个顶级爵士乐小号手的旋律。印刷出来的乐谱有助于大型乐团获得成功，但却无法覆盖一场成功表演的方方面面。大量的细节仍然有待于乐团根据不同的场合、地点，甚至不同的演奏者来即兴发挥。同样地，为了实现完美的软件交付，统一团队语言和共同协作方式所带来的价值是巨大的。

团队拓扑方法希望能够帮助那些纠结于寻找一种合适的方法来优化团队结构的组织，或者那些还没有意识到团队设计可以带给业务产出和实际软件系统良好影响的组织，从而帮助他们获得更加快速和持续的成功。

本书适用于那些关注软件系统开发和运维过程效率的公司领导层（包括CTO、CIO、CEO、CFO等）、经理、部门主管、软件和系统架构师，以及所有参与构建和运行软件系统的人，他们都想要让系统的交付和运行变得更加高效。

我们为什么要写这本书

2013年，为一家英国企业引入DevOps和持续交付的时候，Matthew在博文*What Team Structure Is Right for DevOps to Flourish?*中最早提出了DevOps拓扑模式。那个时候，他提供咨询服务的公司正在努力采用现代软件交付方法，而他创造的拓扑模式为该公司提供了一种与众不同的探索选项。

2015年，Manuel在伦敦举办的QCon软件开发大会上采访了Matthew，当时Matthew作为分享嘉宾介绍了康威定律和早期的DevOps拓扑模式。根据这次分享的内容，后来InfoQ平台发表了文章*How Different Team Topologies Influence DevOps Culture*?，并且该文章被翻译成多种语言。在此之后，Manuel进一步拓展了DevOps拓扑模式，并融合了来源于社区的贡献。

从此之后，DevOps拓扑模式开始广为流传，在演讲、文章和分享中不断地被引用。它们帮助了世界范围内不同规模和不同领域的组织，思考团队和团队交互如何影响组织文化和软件架构的关系。

随着时间的推移，我们意识到最初的DevOps拓扑提供了团队相互关系的静态视图，尽管这对于初期讨论有所帮助，但却难以扩展。通过我们和来自世界各地的培训和咨询机构合作发现，有些团队更适合独立和自治的形式，而另一些团队则通过紧密协作获得了更好的工作效果。于是，我们问自己这是为什么，并通过客户的反馈不断改进我们的想法。

最终，这些想法通过《高效能团队模式》一书呈现在你的面前，这是一种动态的、不断发展的组织设计方法，基于不同地域和行业的真实场景总结而来的。

如何使用这本书

《高效能团队模式》是一本工具书，我们的初心是提供交互性的内容，并在有限的篇幅中传递尽可能多的真知灼见。为了达到这个目标，我们进行了精心的设计来帮助你更好地浏览这本书。

首先，本书分为三个部分。

第Ⅰ部分探索了康威定律，阐述了组织交互方式是如何限制我们的系统设计的，以及应该如何顺势而为并将其转变成我们的优势。接下来，我们定义了什么是团队，并研究了那些影响团队协作效率的现实约束。

第Ⅱ部分研究了一组已经在业界被证明了的静态团队模式，以及如何结合康威定律和组织的实际情况来选择其中一种模式。这部分内容可以帮助你思考适合所在组织的团队拓扑，并且提供了如何将团队映射到系统中的指导原则，进一步思考了康威定律和基础团队拓扑。

最后，第Ⅲ部分研究了组织设计的进化方法，提供了强大的创新能力和快速交付能力来应对快速变化的外部环境。这部分内容解释了如何使用团队拓扑方法来建立一个对市场和用户需求具有敏感度的组织，并提供了相关的人员招聘和技能方面的指导。

每个部分在最开始汇总了所属章节的核心观点。图示和编号贯穿章节始终，这些是你需要了解和掌握的关键信息。我们还提供了一些简单易懂的场景、案例学习和针对不同场景的建议。

最后，在本书的配图中，你可以发现各种形状、颜色和模式，它们在本书中拥有一致的含义，说明如图0.1所示。

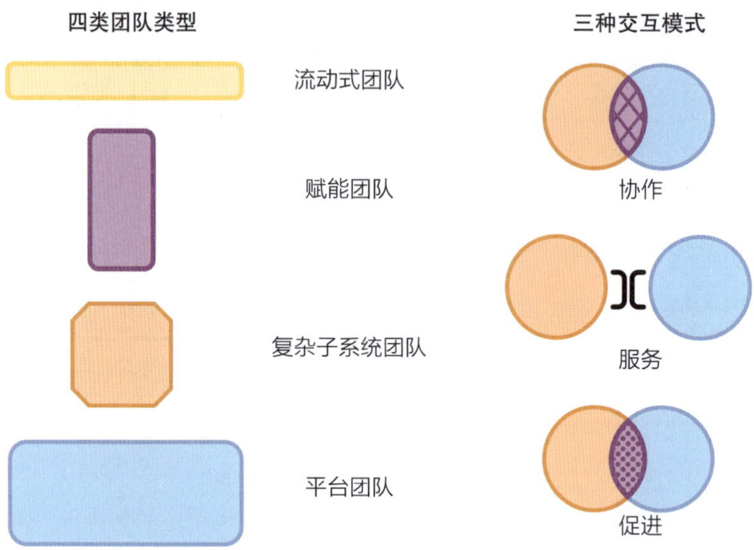

图0.1　四类团队类型和三种交互模式

为了全面了解这些团队类型和交互模式，你应该通读本书，因为本书的主题是随章节层层递进的。不过，我们在编写内容的时候也尽量保证了每一章节的独立性。

为了实现这个目标，针对典型场景，我们提供了一些推荐的阅读方法。

- 若希望了解不同的团队类型，以及哪种类型最高效，请查看第 1 章（概览）、第 4 章（静态拓扑）和第 5 章（基本拓扑）。

- 若希望解耦一个巨大的单体软件系统，请查看第 6 章（边界）和第 3 章（团队）。
- 若希望改进软件系统架构，请查看第 2 章（康威定律）、第 4 章（静态拓扑）和第 6 章（边界）。
- 若希望提升软件开发团队的效率，请查看第 3 章（团队）、第 6 章（边界）和第 5 章（基本拓扑）。
- 若希望提升团队的士气和效率，请查看第 3 章（团队）和第 5 章（基本拓扑）。
- 若希望了解在哪些方面投入可以实现预期的增长，请查看第 1 章（概览）和第 5 章（基本拓扑）。
- 若希望了解如何持续改进团队拓扑以适应业务变化的需求，请查看第 7 章（动态方面）和第 8 章（拓扑改进和组织意识）。

影响本书的关键因素

除我们自身的经验外，本书还受到了以下几个相关方法和思维方式的强烈影响。首先，我们假设一个组织是一个社会技术系统或一个生态系统，这个系统由个体和团队之间的交互塑造而成。也就是说，一个组织应该是人和技术共同作用的结果。在这方面，本书和以下领域不谋而合：控制论［特别是将组织视为一个“感知系统”，这个理论最早可以追溯到1948年Norbert Wiener首次出版的《控制论：或关于在动物和机器中控制和通信的科学》（*Cybernetics: Or Control and Communication in the Animal and the Machine*）一书］、系统思考（尤其是戴明博士的杰出工作）、Cynefin框架等用于访问复杂系统的方法论（Dave Snowden和Mary Boone在2007年*Harvard Business Review*上发表了论文*A Leader's Framework for Decision Making*）和适应性结构理论（Gerardine DeSanctis和Marshall

Scott Poole在*Organization Science*上发表了文章*Capturing the Complexity in Advanced Technology Use: Adaptive Structuration Theory*。他们在其中强调了技术影响力并不是恒定的，而是取决于团队和组织如何看待这项技术）。

其次，我们假设"团队"会根据个体的集合和团队在发展运行中得到的培养和支持程度的不同而不同。在这个方面，我的想法来源于Bruce Tuckman（他在1965年发表的论文*Developmental Sequence in Small Groups*中提出了四个阶段：建模-构造、震荡、规范和表现），Russ Forrester和Allan Drexler（他们在1999年发表的论文*A Model for Team-Based Organization Performance*中提出了基于团队的组织绩效），Pamela Knight（她在2007年发表的论文*Acquisition Community Team Dynamics: The Tuckman Model vs. the DAU Model*中发现的证据表明，stroming贯穿于团队生命周期始终），Patrick Lencioni（在他那影响深远的书*The Five Dysfunctions of a Team: A Leadership Fable*中，他发现了常见的交互问题），以及类似的以团队为核心的理论和研究。

再次，我们假设康威定律（或是与它类似的定律）是软件产品形态的强大动力，组织能够正视这些定律并从中获益。在这个部分，我们借鉴了梅尔·康威、软件架构咨询师和团队组织设计奖得主Ruth Malan、ThoughtWorks技术总监和"逆康威定律"的支持者之一James Lewis，以及其他作者和实践者的作品和思想。

最后，我们借鉴了源自大规模开发和运行软件系统的成功实践，包括Adidas、Auto Trader、Ericsson、Netflix、Spotify、TransUnion等公司的实践。这些组织的规模和交付速度使他们有可能从组织结构和团队交互的变化中看到真正的收益，这个过程往往需要持续数月到数年之久。

当你浏览本书时，我们希望你可以获得一些启发，这本书可以改变你对团队、团队结构及团队功能方面的认知。

目录

第II部分　围绕工作流设计团队拓扑

第III部分　改进团队交互来促进创新和快速交付

第I部分

团队即交付

核心观点

第1章

- 康威定律的核心观点在于将软件架构设计和团队交互设计放在一起来看，因为它们之间有很多相似点。
- 团队拓扑澄清了团队的目标和职责，提升了团队间的效率。
- 团队拓扑采用了一种人性化的方式来构建软件系统，并建设具有战略适应性的组织。

第2章

- 组织的产品设计受限于沟通路径。
- 组织的设计约束了“解决方案的探索空间”，从而限制了软件设计的可能性。
- 要求每个人都与其他人进行沟通只会让事情变得一团糟。
- 选择那些有利于团队流动的软件架构。
- 有限沟通路径和经过良好设计的团队交互可以实现模块化、低耦合的系统。

第3章

- 团队是最有效的软件交付主体，而非个人。
- 根据邓巴数字来管控组织内团队规模的增长。
- 梳理团队职责来匹配团队的最大认知负荷。
- 建立清晰的团队职责边界。
- 改变团队工作环境来帮助团队获得成功。

第1章

1

组织结构的陷阱

组织应该被视为一个复杂的具有适应性的有机体，而非一个机械的线性系统。

——Naomi Stanford，摘自《组织设计指南》（*Guide to Organisation Design*）

技术人员似乎永远有干不完的事情：以难以置信的速度创建和更新系统，将不同技术组合在一起打造有竞争力的用户体验、移动应用、云服务、Web服务，以及嵌入式、可穿戴和工业IoT设备等，这些都依赖于有效的交互来达到预期的业务目标。

如今，这些系统几乎渗入了人们日常生活的方方面面，带来了越发深远的影响。如果软件设计得很差，甚至更严重，软件交互设计出现了偏差，那么无论是服务提供方，还是用户，包括我们自身，都将受到负面影响。如果打车应用崩溃了，用户可能会被困在离家很远的地方。如果网上银行的软件服务异常，用户可能无法支付租金。如果医疗设备出现故障，用户甚至会面临生命危险。由此可见，社会技术的设计从未如此重要。

构建和运行这些高度复杂、相互连接的软件系统是一种团队活动，需要不同平台和技术领域的人才共同努力。此外，现代IT组织必须快速且安全地交付和运维软件系统，并且还要同步适应业务或日常环境中的变化和压力。业务需要兼顾系统稳定性和交付速度两方面的优化。

尽管存在以上这些风险和需求，但是很多企业组织人员和团队的方式依然与现代软件开发和运维的方式背道而驰。组织过分依赖于组织结构图和矩阵来划分和控制工作，导致在快节奏交付的同时缺少必要的条件来拥抱创新。为了取得成功，组织需要一种稳定且高效的团队模式和协作方法。作为敏捷性和适应性的基础，他们需要不断投入资源赋能和培养团队。为了在竞争日益激烈的市场环境中生存下去，组织需要团队和成员能够及时感知外部变化，并且不断地与时俱进。

好消息是使用正确的思维方式以及强调适应性和重复性的工具，并把团队和人视为中心，是可能兼顾快速和安全的。正如Mark Schwarts和合著者在2016年的论文*Thinking Environments*中提到的那样，“组织结构必须协调职责来支持高质量、有影响力的软件交付的目标。”

作为管理这些接口的技术团队成员，我们必须改变之前的思想，不再将团队视为一组可替换的个体，即只要他们沿用“正确”的流程和使用“正确”的工具就能获得成功，而是将人员和技术视为社会技术生态系统中的一分子，正如计算芯片中用到的碳和硅一样。与此同时，我们需要确保团队具有内驱力，并且给予团队充分的机会在这类系统中出色地完成工作。

本章会介绍团队拓扑作为一种具有适应性的技术组织设计模型，可以帮助业务达成速度和稳定性目标。但在此之前，让我们先来看看大多数组织中真实沟通结构与组织结构图传递给我们的信息有何不同，以及这些差异背后的含义。

组织的沟通结构

大多数组织都希望或者要求他们的团队和人员有一个单一视图，也就是我们常说的“组织结构图”。这种图描述了团队、部门、工作单元和其他组织实体，并且描述了它们之间的关系。通常展现出来的就是分层汇报线，这些线代表了组织内部上下之间的沟通路径。

组织结构图在构建软件系统方面的确有用，尤其是在监管领域和法律合规方面。然而，在一个高度协作的环境中，结果充满不确定性，那么将组织结构图视为拆分工作的根本原则，往往会导致不切实际的预期。我们需要依赖的是低耦合且长期存在的团队，他们能够高效协作来平衡速度与安全方面。

从表面上看，组织结构图的问题在于我们试图把人看成软件来安排组织结构，把他们的沟通局限在组织结构图的汇报路径上。但是人们的沟通并不局限于图中的连接线，我们会联系任何为了达成工作目标所依赖的人员，我们会为了达成目标来改变规则。这就是为什么实际的沟通路径和组织结构图呈现出来的差异很大，如图1.1所示。

组织结构图的思维模式才是问题所在

传统的组织结构图并不能帮助我们理解组织中的真实沟通模式，如图1.1所示。相反，组织需要开发一种更加实际的示意图来表示个体和团队之间预期的和实际的沟通方式。这两者之间的差异有助于展现什么样的系统类型更加适合组织。

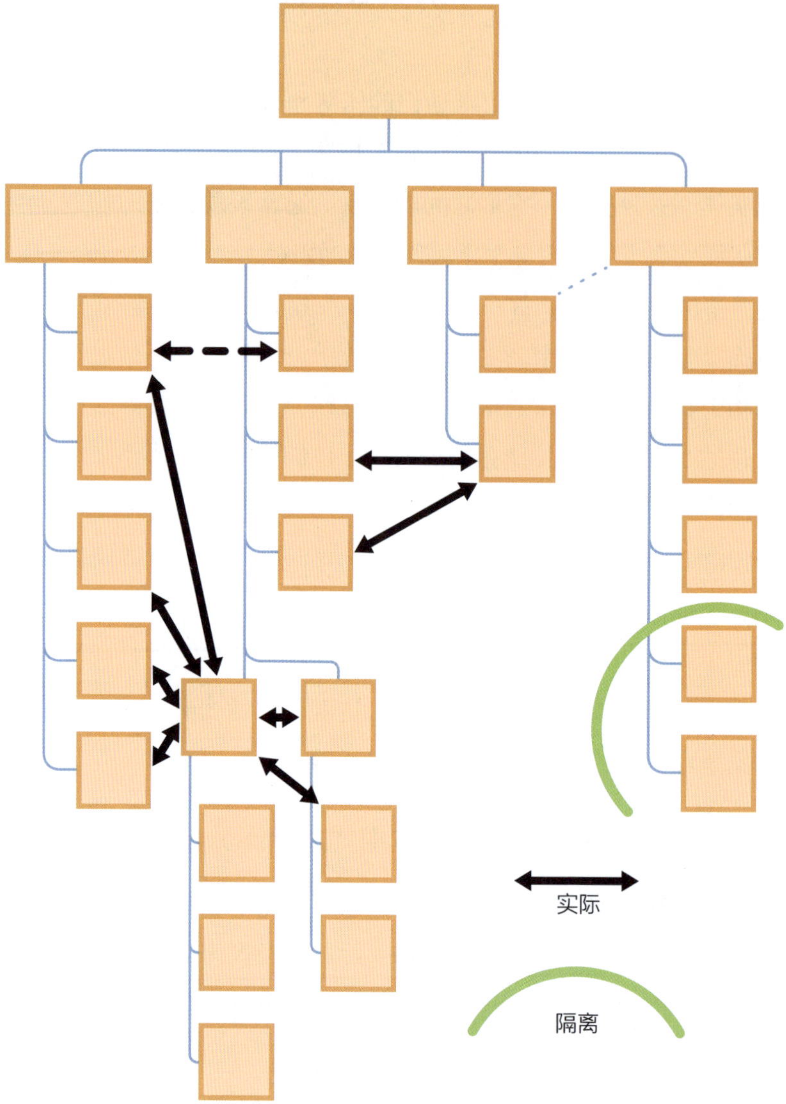

图1.1　组织结构图和实际沟通路径

实际上，人们为了完成工作，会与另一条汇报线上的人员进行横向或纵向沟通。组织需要有意识地培养这种创造力和解决问题的能力，并从中受益，而不局限于自顶向下和自底向上的沟通和汇报。

此外，基于组织结构图的决策往往只对组织的一部分进行优化，而忽略了上下游影响。局部优化只对直接涉及的团队有用，但是对于端到端的用户价值交付来说却并无助益。如果在工作流中存在更大的瓶颈，那么这些局部优化的影响就可以忽略不计。举个例子，某团队采用了云技术和基础设施即代码技术，将新基础设施的初始化时长从几周或几个月缩短到了小时、分钟级别。但是如果每次生产部署变更需要在每周一次的组织会议上进行审批，那么发布频率最高也只能维持在每周一次。

系统思维更加专注于全局优化，将目光着眼于完整的工作流，识别哪里是目前的最大瓶颈并消除它，进行持续改进。团队拓扑聚焦于如何建立动态的团队结构和交互模式，从而帮助团队快速适应新的环境，并达成快速和安全的软件交付目标。也许这些并不是你当前所面对的最大瓶颈，但你终究会面对严峻的团队结构问题所带来的低效沟通和不恰当的流程，从而拖慢交付速度。

认为组织结构图能够客观呈现工作如何完成，以及团队如何交互，会导致工作和职责划分方面的无效决策。这就好比当软件开发真正开始的那一刻，软件架构文档就已经过时了一样，组织结构图也总是与现实脱节的。

当然，我们并不是第一个认识到正式的组织结构和实际的工作方式之间存在出入的。Geary Rummler 和 Alan Brache 的《流程绩效突破》（*Improving Performance: How to Manage the White Space on the Organization Chart*）一书为持续业务过程改进和管理搭建了舞台。最近，对于过程改进和团队中心性的关注（至少在IT领域是这样的）是另一个重要的里程碑，正如Mik Kersten的*Project to Product*一书中阐述的那样。我们认为团队拓扑是另一块拼图，特别是在清晰、流动的团队结构、职责和交互模式方面。

不止于组织结构图

那么，如果组织结构图并不能准确地反映组织结构，那么什么才可以呢？*Organize for Complexity*一书的作者Niels Pflaeging指出，每个组织都存在不止一种而是三种组织结构。

1. 官方架构（组织结构图），促进合规性。
2. 非正式架构，个体间的“影响范围”。
3. 价值创造架构，工作是如何在个人间和团队间完成的。

Pflaeging认为知识工作型组织成功的关键在于非正式架构和价值创造架构（也就是人与团队之间的相互作用）。也有其他作者提出过相似的观点，比如Frédéric Laloux的《重塑组织：进化型组织的创建之道》（*Reinventing Organizations*）和Brian Robertson的《重新定义管理：合弄制改变世界》（*Holacracy*）中提到的方法。

团队拓扑方法同样认可Pflaeging定义的非正式架构和价值创造架构的重要性。通过赋能团队并将团队视为组织的基本构建单元，团队中的个体会更像一个团队一样紧密地协作而并非仅仅是一群人聚集在一起。另一方面，与其他团队达成明确的协作共识，也会使对行为的期望更加清晰，团队之间的信任也会建立起来。

在过去的几十年中，诞生了许多架构企业的新方法，但这些新设计方法往往持有一种静态视角来看待组织，这种视角没有考虑组织重构后出现的真实行为和结构。例如，诞生于20世纪90年代并在之后几十年流行的“矩阵管理”方法，试图通过个人对业务主管和职能主管的双线汇报，来解决高度不确定性和专业技能要求所带来的工作复杂性。尽管与纯粹的职能型团队组织相比，更加重视业务价值，但是它依然采用了一种静态世界观，无法跟上业务和技术领域的进化节奏。

对员工来说，引入矩阵管理方法的组织调整都会带来恐慌和焦虑。通常这种方法所带来的时间和精力上的消耗，更有可能拖慢业务发展而非推动它向前发展。一旦下一波技术和方法革命到来，企业将面临再一次重组，这会打破现有的沟通结构，并将刚刚产生化学反应的团队再一次拆散。

> 团队拓扑方法针对技术组织补充了传统组织设计中所缺少的动态和感知方面的能力。

依赖单一、静态组织结构，比如组织结构图或者矩阵管理，对现代软件系统而言已经难以获得有效产出，这一点已经变得越发明显。相对于单一结构，我们需要的是一种能够适应当前情况的模型，这种模型能够兼顾团队的成长和内在交互。团队拓扑提供的革命性的方法可以使团队、流程和技术在各种类型的组织中保持一致。

Naomi Stanford在她2015年出版的大作 *Guide to Organisation Design: Creating High Performing and Adaptable Enterprises*一书中总结了五条组织设计法则。

1. 根据令人信服的理由来设计。
2. 为设计决策提供开发选项。
3. 选择正确的设计时机。
4. 寻找事物偏离轨迹的线索。
5. 对未来保持警惕。

随着本书的深入，我们将探讨如何使用组织设计中的这五条法则。

团队拓扑：一种全新的团队思维方式

团队拓扑方法围绕企业软件交付的有效团队结构，带来了一种全新的思维方式。它为不断发展的团队设计提供了一种一致的、可操作的指导，来应对技术、人员、业务变化，覆盖了构建和运行现代软件系统所需的规模、布局、地点、职责、边界和团队交互等方面。

团队拓扑提供了四类基本的团队类型——流动式团队、平台团队、赋能团队和复杂子系统团队，以及三种团队核心交互模式——协作模式、服务模式和促进模式。结合对康威定律、团队认知负荷及如何打造一个感知组织的理解，团队拓扑为构建和运行软件系统提供了一种有效的、人性化的方法。

特别是，它着眼于不同团队拓扑要如何随着技术和组织的成熟度而不断演进。在技术和产品探索阶段，通常需要高度协作的环境（存在重叠的团队边界）才能成功。但是，如果在探索阶段结束后（也就是已获得成型的技术和产品时）依然维持同样的结构，反而会导致精力的浪费和误解。

通过强调组织设计的自适应模型，并主动优化团队交互关系，团队拓扑方法提供了一种技术无关机制，从而帮助现代软件密集型企业响应必要的战略变化（无论是从业务视角还是从技术视角来说）。最终目标是帮助团队开发出符合用户需求的软件，并且使这个过程更加易于构建、运行和管控。

团队拓扑还特别重视设计和构建软件系统的人性化方法。它将团队视为软件交付过程中不可分割的元素，并且承认和尊重团队的认知容量是有限的。团队拓扑和基于康威定律的动态团队设计一起构成了探索解决方案的策略工具。

康威定律的复苏

我们提到了康威定律作为团队设计和进化的驱动力来说至关重要。那么，究竟什么是康威定律呢?

1968年，计算机系统研究院的梅尔·康威在*Datamation*杂志上发表了一篇论文*How Do Committees Invent?*，他在这篇论文中探讨了组织结构和最终的系统设计之间的关系。这篇文章充满了闪光的见解，我们将在本章后面介绍其中一部分。这篇文章中有一句话后来被总结为康威定律："设计系统的组织由于受到约束，这些设计往往是组织内部沟通结构的副本。"

康威是在一个开发早期电子计算机系统的组织中观察到这个现象的。在他看来，这个"定律"表明了一个组织的真实沟通路径（也就是Pflaeging提到的价值创造架构）和最终软件架构（或者是作家Allan Kelly提到的"同态力"）之间的强相关性。这种同态力将软件架构和团队结构塑造成相同的"形状"。换句话说，构建软件需要理解团队的沟通路径，以便更加实际地考虑什么样的软件架构才是可行的。如果预期中理论上的系统架构不符合组织模型的话，那么其中之一就需要做出改变。

Eric Raymond在他的*The New Hacker's Dictionary*一书中幽默地说道："如果有四个小组合作开发一个编译器，那么你将得到一款具有四个步骤的编译器。"

自1968年以来，我们可以越发清晰地看到康威定律对于所有软件构建都发挥了作用。当我们不得不遵循"架构蓝图"构建软件系统的时候，我们无数次感觉到是在与架构做斗争，而非让架构协助我们驶向正确的方向。而这恰恰就是康威定律在发挥作用。

到了2015年左右，康威定律再一次复苏，这正是微服务刚刚兴起的时候。特别是ThoughtWorks的技术总监James Lewis突发奇想地提出应用"逆康威定律"，也就是说组织要根据他们想得到的软件架构来设计团队结构，而不是期望团队盲从一个被设计好的团队结构。

> 团队结构必须与所需的软件架构或者产生非预期设计的风险相匹配。

其中的核心观点在于，将软件架构看作一个独立的概念，认为它可以被孤立设计，然后交由任何团队来实现，这从根本上就是错误的。软件架构和团队结构的差异在所有架构类型中比比皆是，无论是客户端-服务端、SOA还是微服务架构。这也是为什么为了让团队聚焦，单体架构需要拆分（特别是，当一个没有被拆分的组件超出了任何一个团队认知极限的时候），关于这部分内容，我们将在第6章中讨论。

认知负荷和瓶颈

谈到认知负荷，我们可以简单地将其理解为任何一个人在给定的时间内大脑中所能保存的信息量是有上限的。对于任何一个团队来说，简单地将所有团队成员的认知能力累加起来即可。

然而，当给一个团队分配职责或者软件组件的时候，我们几乎不会考虑认知负荷。可能是因为可用容量和认知负荷会达到的水平都难以量化，或者可能是因为期望团队能够不假思索地完成被交代的任务。

如果不考虑认知负荷，团队就会做大量并行工作，尝试覆盖过多的职责和领域。这让团队开始疲于奔命，精力在不断的任务切换中消耗殆尽。

低代码平台供应商OutSystems的资深开发工程师Miguel Antunes介绍过一个非常有挑战性的例子。OutSystems的工程生产力团队已经成立五年了。这个团队的使命是帮助产品团队有效地执行构建任务、维护基础设施、提高自动化测试执行率。随着团队规模不断扩大，他们又承担了额外的职责，包括持续集成（CI）、持续交付（CD）和基础设施自动化。

伴随他们的成功，问题也开始显现。比如，由八名成员构成的小组在迭代计划时，需要面对他们职责范围内的大量需求。不仅难以给出需求优先级，一个迭代周期内任务的频繁切换也极大地打击了团队的主动性。如果考虑到Dan Pink的内在动机三要素，这就一点儿也不奇怪了：自治（被多个团队源源不断的请求和优先级所淹没）、精通（样样都懂却无一精通）、目标（过多的职责领域）。

虽然在这个行业案例中，团队面向内部开发团队提供服务，但是对那些为外部用户提供软件的团队来说，效果是一样的。产品团队负责的服务和组件数量（换句话说，团队的需求）通常会随着时间不断增长。然而，新服务的开发通常是按照团队能够全职投入来规划的，并不是根据团队的认知负荷来规划的。这些被忽视的部分恰恰是有问题的，因为团队依然要修复和改进已有的服务。最终，团队成了交付的瓶颈，而他们的认知负荷也大幅超标，从而导致了延迟、质量问题，并且这也持续地伤害了团队的工作意愿。

我们需要把团队摆在第一位，鼓励去限制他们的认知负荷。将认知负荷明确作为团队规模、分配职责和建立团队边界的有力工具。（我们将在第3章详细讨论这一内容。）

总而言之，团队拓扑方法提倡组织设计要优化运行系统的变更和反馈流程。这需要限制团队的认知负荷，明确设计团队之间的交互模式，以帮助生成我们所需的软件系统架构（基于康威定律）。

总结：重新思考团队的结构、目标和交互方式

为了有效地开发和运维现代、互联的系统和服务，组织需要考虑多方面的因素。从历史上看，大多数组织都将软件开发等同于制造业，通过将不同个体分配到一系列的功能领域中来完成这项任务，事先规划一个大项目，并很少考虑社会技术动态。这就导致了图1.2中描述的主要问题。

敏捷、精益IT和DevOps运动向人们展示了一个小型、自治团队的巨大价值，这些团队能够和业务流对齐，保持小批量的开发和交付迭代周期，并根据用户反馈及时调整。精益IT和DevOps还倡导围绕系统和团队的监控度量工具进行大幅进化，帮助人们在构建和运行软件时基于以往的趋势保持积极和尽早的决策，而不是仅仅当事故和问题发生时才做出反应。

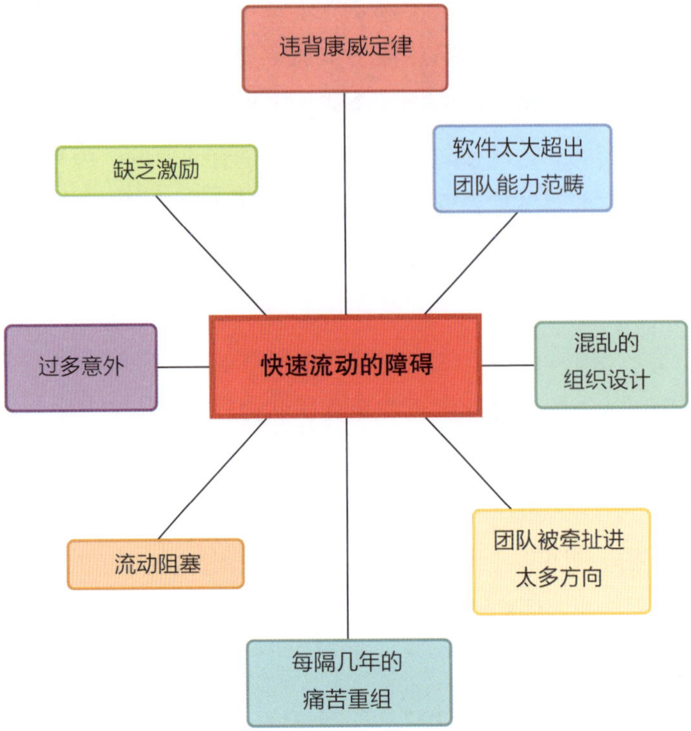

图1.2 快速流动的障碍

但是由于组织模型的原因，传统组织在应用敏捷、精益IT和DevOps时往往难以发挥全部能力。过于关注可以快速见效的自动化工具实施，而忽略文化和组织变革，这一点并不意外。毕竟文化和组织变革难以做到可视化，更不要说度量它们的有效性了。然而从长期来看，拥有一个正确的团队结构、方法和交互模式，并且根据团队的需求与时俱进，这一点至关重要。

特别是，在一个充满不确定性和新鲜事物的环境中，需要频繁地重塑协同团队来应对知识型工作，传统的组织结构图已经很难跟上现实的节奏。相反，我们需要利用康威定律、认知负荷限制和团队有限方法论来设计团队，确保拥有清晰的目标并推动团队交互，不断优化软件交付和策略适应性。

团队拓扑的目标是为你提供一种方法和思维工具，让你的组织能够适应并不断寻找需要协作的时间和地点，聚焦执行，降低沟通成本。

> **注意**
>
> 在为完成本书而进行调研的时候，我们在一个完全不相干的领域发现了一个特别有趣的策略和协作交互案例。事实证明，石斑鱼和海鳗这两个看似毫不相关的物种（有人知道吗？）会通过明确的信号协作追捕隐藏在裂缝中的小鱼。海鳗会潜入裂缝使小鱼受到惊吓，当它们被吓得跑出来的时候就成了石斑鱼最好的猎物。请继续阅读，并在你的组织中找到珠联璧合的石斑鱼和海鳗，从而加速流动和业务产出。

第2章 康威定律为何如此重要

2

> ［康威定律］让我们不断追问：“是否会因为组织结构而导致一个更好的设计无法实现？”
>
> ——梅尔·康威，摘自论文 *Toward Simplifying Application Development,in a Dozen Lessons*

在第1章中，我们讨论了为什么组织要把团队作为成功的必要因素；也探讨了一些基本思想和原则，帮助我们理解组织内团队是如何工作的；同时，引入了一些贯穿本书始终的关键概念。在第I部分的剩余章节中，我们会深入讨论康威定律揭示了团队、组织结构和软件架构的哪些奥秘。然后，我们会深入探讨团队优先方法意味着什么。第I部分的目标是为你提供组织和团队设计的基本原则，这些对于你理解团队拓扑很有必要。那么下面先从康威定律开始。

理解并使用康威定律

康威定律对于理解组织团队给软件系统带来的影响至关重要，这种影响长期存在却无人关注，因为软件系统已经变得比以往更加庞大和相互连接。但你有可能会怀疑一条1968年提出的关于软件架构的法则是否经得起时间的考验。

从微服务、云、容器到无服务，我们已经经历了漫长的过程。根据经验，这些创新可以帮助团队进行局部改进。但是组织规模越大，就越难享受这些技术红利。因为团队建立和交互的方式通常是基于过去的项目和/或传统技术来设计的。从组织结构图的设计来看，反映的即便不是几十年前，也是几年前的情况。

如果你曾经有过大型组织的工作经历，十有八九应该遇到过所有业务共享一个单体数据库的例子。当然，在DevOps和微服务获得广泛关注之前，单体数据库的优越性是有历史依据的，比如人和团队在技术栈分层方面专业性的不断提升。比如，项目导向、通过人力外包来降低成本或者缺乏必要经验的初级团队等，都导致了这些反模式长期存在。时至今日，这些反模式都被识别出来。单体数据库和应用的紧耦合也与之相关，导致了很小的业务逻辑变更都会影响到数据库（更多内容请参考第6章）。组织如果想要避免这种情况，不仅要具备良好的架构实践，也依赖于采用新的思维方式来设计现实中的团队结构和组件。

运动品牌公司阿迪达斯经历过一次有趣的转型，他们明确将康威定律视为组织设计的驱动力。Fernando Cornago（平台工程部高级总监）和Markus Rautert（平台工程和架构部副总裁）解释了IT部门的转型历程。他们曾经被视为成本中心，通过单一供应商来提供大多数软件（这个过程要求频繁的交付），以及极少数内部工程师（管理职责大于工程方面），到后来转变为一个产品导向的团队组织。阿迪达斯投入了80%的工程师资源，通过将跨职能团队和业务需求对齐，打造了公司内部的软件交付能力。剩余的20%工程师作为专职的中心平台团队，负责工程平台和技术解决方案，以及内部咨询和引入新的专业能力。结果是阿迪达斯的数字化产品发布频率提高了60倍，对软件质量也产生了积极影响。

除了这些被实践证明过的经验，越来越多的研究也证实了康威定律所揭示的趋势。哈佛商学院的Alan MacCormack和他的同事们对各种开源和闭源软件产品进行了研究，发现了“强有力的证据来支撑产品架构趋同于开发它们的组织结构的假设”。

对其他行业的研究，比如汽车制造业和飞机引擎设计领域，也都再一次证实了这个思想。事实上，已经有足够多的行业调研表明，康威定律所带来的同态力得到了广泛的应用。

Ruth Malan的这句话可以视为康威定律的现代版本：“如果系统的架构和组织结构不一致，那么组织结构将成为赢家。”Malan是想提醒我们组织在设计产品时往往要匹配或模仿真实的组织沟通结构。这一点无论是内部研发还是由外部供应商提供，对于任何组织设计和构建软件系统，都具有重要的战略意义。

特别是，当组织被划分为职能竖井（也就是团队按照专业职能来划分，比如QA、DBA和安全团队）时，难以面向端到端的工作流设计一个良好架构的软件系统。同理，如果一个组织主要根据不同地域的销售渠道来划分，那么就难以开发出一种有效的软件架构来面向全球所有区域提供多样性的软件服务。

为什么组织难以发现或者保持特定的架构呢？康威在他1968年发表的文章中给出了一些线索：“对于任何一个特定的团队或组织，那些必要的沟通路径不存在，导致了一系列可替代的设计方案难以有效落地。”

组织内部的沟通路径（无论是否和正式汇报线一致）严重制约了组织所能设计的解决方案的类型。但是我们可以将这一点作为自身的战略优势。如果我们想要避免一些过度关注技术内部实现的设计，就可以通过组织重组来实现这个目标。同样地，如果我们希望组织能够发现并采用一些特定的设计，这些设计更加有助于价值流动，那么我们同样可以通过组织重组来让它变为现实。当然，我们无法保证组织可以发现并使用我们想要的设计，但至少通过塑造沟通路径，我们可以使其变得更具可行性。

遵循康威定律来设计组织，已经成为一项核心的战略活动，大幅加速了有效软件设计的探索，并且避免了那些低效的设计。在第8章中，我们将深入讨论如何将康威定律牢记于心，并从战略上进行组织变革。

逆康威定律

为了让组织更多地构建面向流程进行优化的有效软件系统，可以利用逆康威定律，在软件开发完成前重新配置团队的相互沟通方式。尽管一开始可能不顺利，但是通过管理层的推动意愿和团队意识，这种方法确实行之有效。

在2015年前后，逆康威定律在技术圈中得到了广泛关注，并被应用于很多组织中，尤其是在Nicole Forsgren博士、Jez Humble和Gene Kim的著作*Accelerate: The Science of Lean Software and DevOps*中证实了这种策略对于高效能组织的重要性之后。

> 我们的研究支撑了被称为“逆康威定律”的方法，即组织需要通过团队和组织结构的改进来实现预期的软件架构。目标是组织结构能够赋予团队完成从设计到部署的工作的能力，而无须团队之间进行高频沟通。

你还记得之前提到的单体数据库的反模式吗？我们曾经见过一些更加极端的案例，由于没有一个稳定的团队，以至于所有的变更都是通过临时项目（以外包的形式）完成的，导致应用和数据库深度耦合（共享数据和存储过程）。后来因为已经完全无法同其他业务逻辑进行解耦，阻碍了业务特定部分采用电子商务系统。相比于让空闲出来的内部工程师为了满足用户需求而在开发不同特性上疲于奔命，这种现实的技术债制约了组织快速交付的能力，在同竞争对手的竞争中处于下风。

那么，逆康威定律是如何把控团队或组织的走向，从而实现一个预期的软件架构的呢？

让我们通过一个有意简化过的在组织构建软件时使用康威定律的案例，来说明其中的理念和力量。假设有四个独立的团队，每个都由前后端开发工程师组成，他们分别负责系统的不同部分，然后对数据库管理员（DBA）提出数据库变更请求。这个变更流程的概念图如图2.1所示。

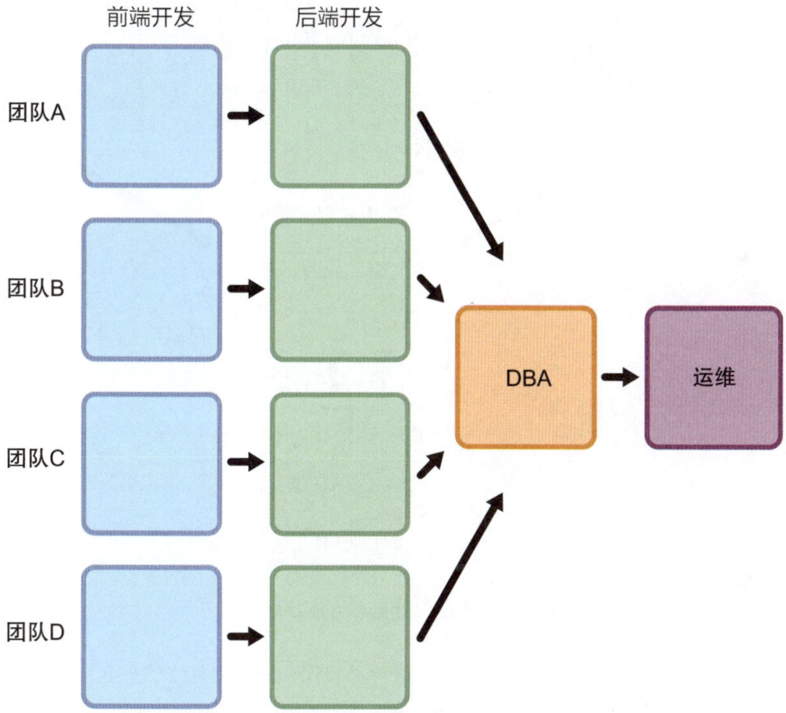

图2.1　四个团队共同开发一个软件系统

四个由前后端开发工程师组成的团队共同开发一个软件系统。前端开发工程师只需要同后端开发工程师沟通，而后端开发工程师需要同唯一一个DBA沟通数据库变更。

根据康威定律，软件架构自然而然地体现了团队设计，也就是每个团队都有独立的前端和后端模块，以及一个单点共享的核心数据库（参见

图2.2）。

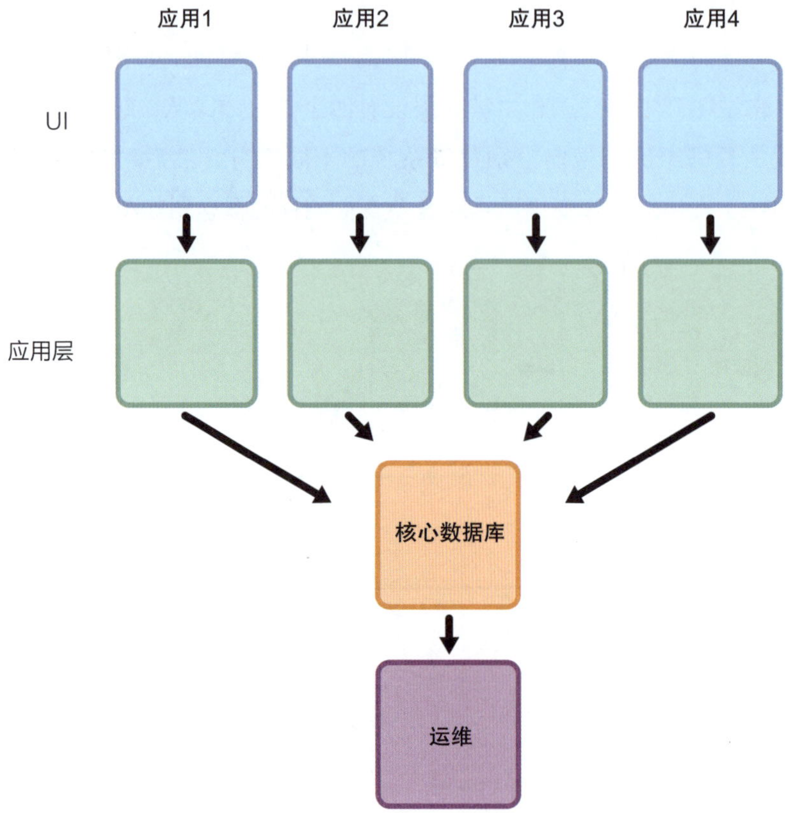

图2.2　组织软件架构的四种团队

有四个独立应用，各自具备独立的用户界面和后端应用层，它们之间共享了一个数据库。这反映并且匹配了图2.1中描述的团队沟通架构，这个图是图2.1旋转了90° 后的样子。

也就是说，一个共享的DBA团队很有可能会带来一个单一的共享数据库，而独立的前端和后端开发工程师推动了UI和应用层的前后端分离，这是沟通带来的自然结果。如果这个具有单一共享数据库，以及四个前后端分离应用的软件架构正是我们所需要的，那自然没有问题。

然而，如果我们并不想要一个单一共享数据库，那就麻烦了。因为康威定律的同态力会强烈地牵引软件架构“自然而然”地体现出当前的组织设计和沟通路径。

比方说，假如我们想在一些新的基于云的软件系统中使用微服务架构，那么每一个独立的服务都需要有属于它们自己的数据存储（参见图2.3）。

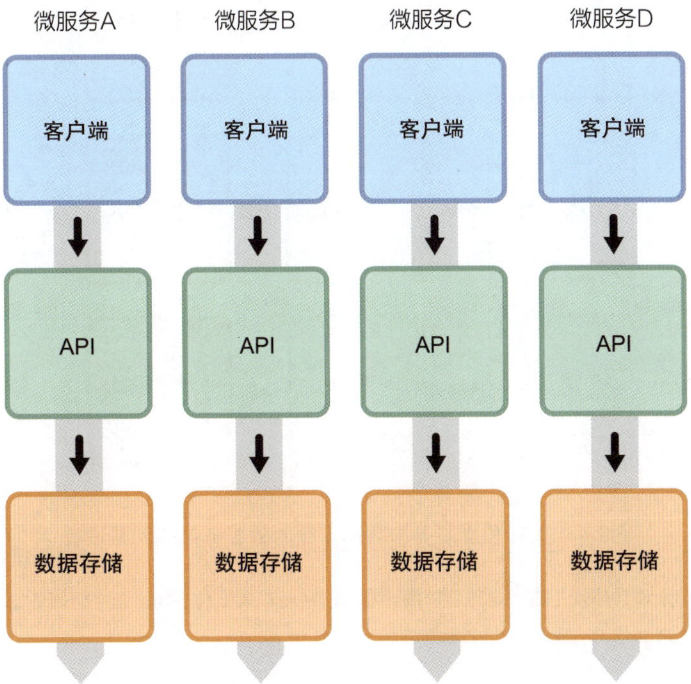

图2.3　拥有独立服务和数据存储的微服务架构

拥有四个独立服务的微服务架构，每个服务拥有自己的数据存储、API和客户端。

通过应用逆康威定律，可以设计我们的团队来满足软件架构的需求，也就是在各个独立的客户端应用和API开发团队里面增加一名数据库开发人员，而不是把他从团队中剥离出去（参见图2.4）。

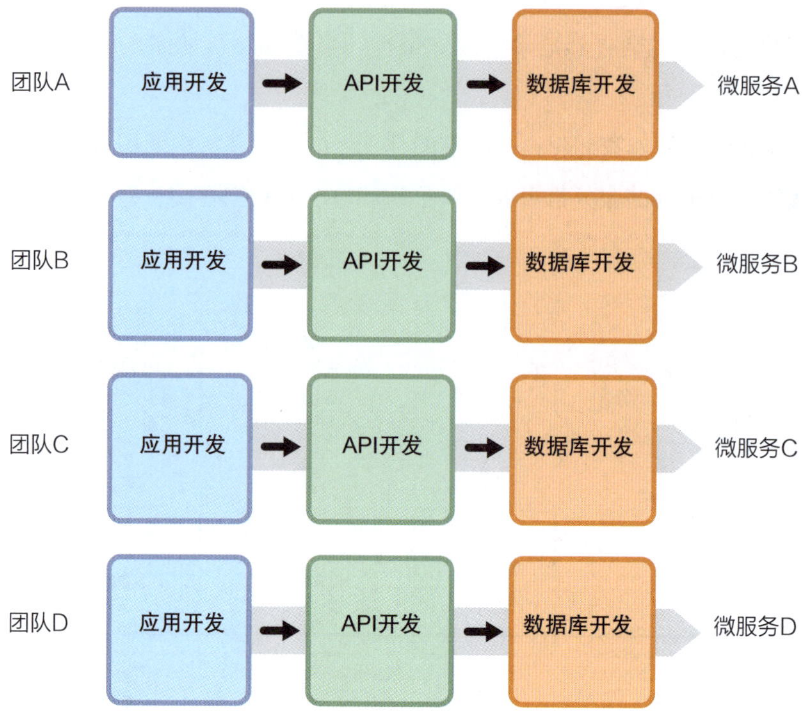

图2.4 拥有独立服务和数据存储的微服务架构团队设计

组织设计体现了康威定律背后的同态力，从而带来了具有四个独立微服务的软件架构（这也是图2.3旋转90°之后的样子）。

根据康威定律，这种团队设计将“自然而然”地带来预期的软件架构。如果我们希望数据存储和业务领域进行绑定，那么我们就应该尽量避免单一的“扇入式”数据库管理员或团队存在（可行的方法是在软件开发团队中增加数据处理能力）。

有利于团队协作流程的软件架构

康威定律告诉我们，在设计组织团队之前，首先要弄明白我们所希望的软件架构是怎样的，否则组织中的沟通路径和激励将最终决定软件架构。正如Michael Nygard所说的那样："团队划分是软件架构的第1版草稿。"

为了实现安全、快速的变更流程，我们需要考虑便于团队协作的流程并设计与之匹配的软件架构。交付的基础是团队（详见第3章），因此系统架构需要鼓励每个团队间的快速流动。值得庆幸的是，在具体实践中，这意味着我们需要遵循那些经过验证的软件架构的良好实践。

- 松耦合：组件不强依赖于其他组件。
- 高内聚：组件拥有清晰的职责边界，并且它们的内部元素强相关。
- 清晰合理的版本兼容性。
- 清晰合理的跨团队测试。

从理论上讲，软件架构应该同它所实现的变更流程类似，而并非仅仅是一系列相互关联的组件，我们应该在一个底层平台上设计工作流（这部分内容在第5章有详细介绍）。

通过控制团队规模，我们得以达成MacCormack和他同事提出的"如果想要一个架构易于理解，那么就应该控制模块大小，并尽可能地减少设计变更的波及范围，从而让架构对于贡献者（Contribution）更加友好"。换句话说，我们需要通过团队优先的软件架构来最大化人的能力和产出。

保持解耦和团队内部协作应该是一个对组织核心、长期存在的考验，因为正如John Roberts在《现代企业》（*The Modern Firm*）中所说的那样，"采用一种遵循离散模型的设计，往往可以在效能方面获得实质收益。"这些效能收益一部分来自变更流程获得的提升，另一部分得益于组织为了适应环境而改变架构的能力。

*The Principles of Product Development Flow*的作者Don Reinertsen说道："我们也可以将架构开发成快速变更的使能者。我们通过架构分区来优雅地吸纳变更。"因此，我们只有遵循了康威定律提出的团队优先方法，架构才能成为赋能者而非绊脚石。

第2章

组织设计依赖于技术专家

如果我们认可康威定律中描述的分形的力量（也就是在架构和团队组织之间），那么我们也必须承认任何能够决定工程团队结构的人都会强烈地影响软件系统架构。这里存在一个康威定律的逻辑推论，用Ruth Malan的话来说就是："如果我们让管理者来决定哪些团队开发哪些服务，那么就相当于我们默认让管理者来决定软件架构。"

HR部门对于软件系统能有多少了解呢？难道一群决策如何在团队间分配预算的部门领导知道他们的选择对于软件架构生命力的影响吗？

考虑到有越来越多的证据表明康威定律背后的同态力，如果一个构建软件系统的组织想要决策团队的形态、职责和边界，那么技术负责人的输入是不可或缺的。

组织设计和软件设计实际上代表了一个硬币的两面，两者都依赖于一群经验丰富的人员来推进实施。Allan Kelly对于软件架构师职责的观点进一步拓展了这种思想。

> 我从未像现在这般坚信，对于那些声称要成为架构师的人来说，技术和社交能力缺一不可。他们需要理解人，并在一个社会架构中工作。他们同样需要一个远超单纯技术领域的职责，在组织结构和人事方面拥有一定的话语权，比如让他们同时兼任管理者。

从根本上讲，我们需要在组织设计中引入技术人员，因为他们理解核心的软件设计概念，比如API和接口、抽象、封装等。Naomi Stanford将其总结为："只要更广泛的组织接口和边界成为设计的一部分，那么就可以独立地设计组织、系统和业务流程。"

限制非必要沟通

康威定律的一个核心内涵指出，并非所有的沟通和协作都是有价值的。因此，定义“团队接口”并设定预期，哪些工作依赖于紧密协作，而哪些不需要，这是非常重要的。很多组织认为沟通总是越多越好，但事实并非如此。

我们需要的是特定团队间更为聚焦的沟通。我们同样需要识别那些意料之外的沟通，并进一步寻找根本原因。正如Manuel Sosa和她的同事在2004年对飞机制造业进行研究所发现的，“管理者应该集中精力在模块化系统中，理解被人忽略的设计接口背后的原因，以及难以预测的团队互动。”

Mike Cohn作为Scrum产品开发方法的创始人之一，提出了一些问题，来评估组织内团队之间沟通的健康度：“这种架构是否最小化了团队间的沟通路径？这种架构是否鼓励团队进行沟通？”

在此，Cohn试图弄明白一件事，从逻辑上讲，根据软件架构设计，如果两个原本不应该彼此沟通的团队正在进行沟通，那么一定是哪里出了问题。是不是API设计得不够好？是不是平台不合适？是不是组件存在缺失？如果我们能够保持团队间低频沟通，甚至是在零沟通的前提下依然可以安全、有效和快速地构建和发布软件，那么我们就应该这样去做。这一点直观地体现在图2.5中，这同Henrik Kniberg的“Real Life Agile Scaling”是一个道理。

制约沟通的一个简单方法就是，将团队安排在办公室的不同区域、不同楼层，甚至不同大楼。如果团队主要通过及时通信软件进行虚拟沟通，那么团队间沟通的信息量和模式可以作为识别那些与软件架构所预期的交互不匹配的沟通情况。

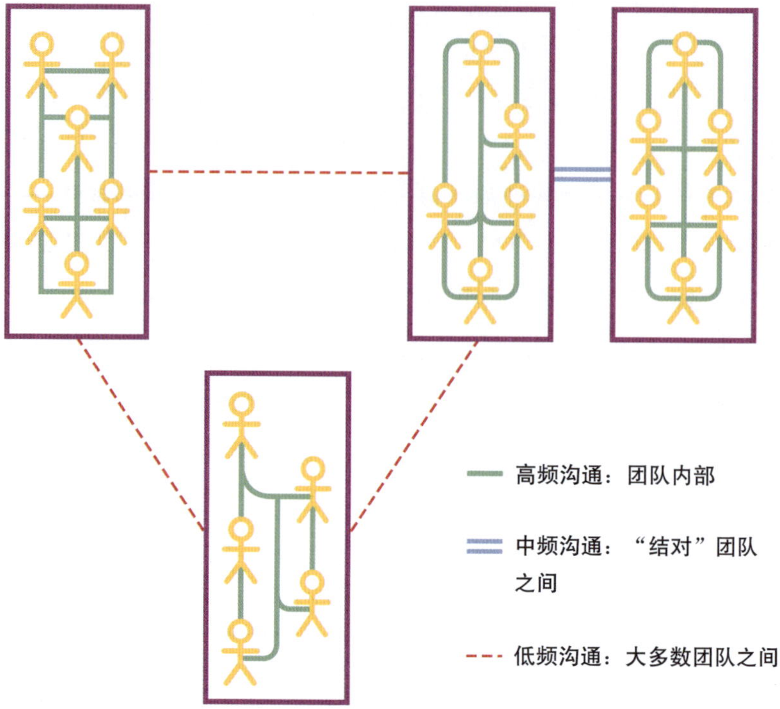

图2.5　团队间沟通

团队内部高频沟通，两个合作团队之间可以保持中频沟通，而大多数团队间应该做到低频沟通。

类似地，如果有一个大团队同时负责系统的两块独立业务，那么有必要将团队拆分为两个小团队来专门负责其中之一，尽管这仅适用于相同团队成员工作在不同系统的场景。如果在设计上就要求整个团队工作在多个系统组件上（比如，一个新服务和一个旧组件），那么请保持他们在一起工作（参考第8章来了解更多有关旧软件系统的长期"维护连续性"模式）。

有些时候，两个或多个团队感觉需要围绕软件进行沟通，纯粹是因为他们各自负责的系统代码托管在同一个版本控制库里面，或者是这些代码属于同一个应用或者服务。但是这些部门在逻辑上应该是彼此独立的。当这种情况发生时，我们需要使用“断裂面”模式（这一点将在第6章介绍）把软件拆分为更小的部分，并纳入独立的版本控制库中。

并非每个人都需要彼此沟通

自从有了开放式办公区，特别是无处不在的即时通信工具，人与人之间可以随时随地保持沟通。这时我们往往不经意间就会陷入一种需要跟每个人（也就是将提取有用信息的责任推给了消费者）进行沟通才能完成工作的沟通和交互模式中。从康威定律的视角来看，这将会给软件系统带来意想不到的后果，特别是在缺少模块化设计的子系统之间。

如果一个组织认为“每个人都需要看到每条对话消息”“每个人都需要参加大量的站会”“每个人都需要出席会议”，这样才能完成决策过程，那么我们的组织设计肯定出问题了。康威定律表明，这种多对多的沟通会产生单体、杂乱、高度耦合和相互依赖的系统，并会阻塞快速流动。也就是说，过多的沟通并不一定是好事。

小心那些流于表面的康威定律

如果团队错误解读了康威定律，会带来风险，表面上看建立另一组团队可以完美适配所需的架构，但实际上，却非常不利于工作的快速流动。除此之外，跨团队的工具和沟通之间的关系往往被视而不见，但其实这类工具可以强力推动分形设计。在本节中，我们会识别一系列流于表面的康威定律的应用所带来的潜在问题。

工具驱动的沟通模式

团队使用软件沟通工具的方法，会对团队间的沟通模式带来极大的影响。在致力于构建和运行现代软件系统的组织中，存在一个常见问题，那就是团队和部门的职责边界与他们所使用的工具是不匹配的。有些时候，组织内部存在多种工具，但实际上使用一个就够了（提供一个通用和共享的视图）。而当团队需要独立工具的时候，要求他们使用统一工具也会带来问题。

康威定律告诉我们，组织的产品设计会受到沟通结构的制约，导致这些产品设计成为沟通结构的复制品。因此，我们需要注意共享工具对于团队交互模式的影响。如果我们希望加强团队合作，那么共享工具能帮助我们达成这个目标。如果我们希望在团队间建立清晰的职责边界，那么独立工具（或者相同工具的不同实例）也许是更好的选择。

比方说，我们希望软件开发团队和IT运维团队紧密协作，那么让这两个团队使用独立的问题和事件管理工具在很大程度上会导致团队间沟通不畅。为了帮助这些团队更好地协作和沟通，我们应该选择一个能满足不同团队需求的工具。类似地，也应该尽量避免出现一些特殊的“生产专用”工具，这些工具仅对生产环境拥有安全访问权限的团队开放。如果这些工具同构建的软件存在交互或者度量关系，那么限制访问权限会使得有权限和没权限的团队产生沟通障碍。所以说，工具可以促进也可以阻碍沟通，并进一步影响团队间的交互有效性。

然而，如果两个团队的职责边界并没有交集（当团队的职责非常独特且没有太多需要协作的事情时），那么还坚持使用相同的问题跟踪工具，甚至是相同的监控工具，就没什么太大价值了。特别是，当提供服务的团队并不在组织内部的时候。

总之，不要在脱离团队内部关系优先的前提下，盲目地为整个组织选择单一工具。用一句话来概括就是，独立团队使用独立工具，协作团队使用共享工具。

小贴士

在保证安全的前提下使信息透明。

日志聚合工具为那些没有权限访问生产环境的应用团队提供了一种简单的解决方案来查看生产日志（或者出于调试目的）。这类工具将所有日志导出到一个外部路径，并对日志进行处理和聚合索引（需要的话，也能进行匿名处理），使得搜索日志和查询相关事件的效率相比处理单个日志大幅提升。团队可以在生产安全管控措施生效的同时访问他们所需的生产信息（并非仅仅保证日志以一种安全的方式进行传输）。

多组件团队

很多组织草率地按照康威定律建立了大量不同的组件团队来分别构建系统的各个小部分。组件团队，也被称为复杂子系统团队（参考第5章），仅在某些强依赖特殊技能的场合下能够起到作用。实际上，我们需要面向快速流动进行优化，所以更为推荐流动式团队。我们会在第5章展开讲解更多相关内容。

通过反复的组织结构调整来建立山头或减少人员

过去很多“组织结构调整”的潜在目标都是为了减少员工或者围绕管理者和领导者的权势建立山头。当我们改变组织结构来适应康威定律的时候，我们的目标是改善组织寻找软件系统解决方案的空间（环境、约束等）。这两种方法是相互对立的。对于一家软件“产品”公司来说，组织结构预示了产品架构。结合团队优先方法，出于管理原因定期进行组织结构调整应该成为过去时。

说得严重些，出于管理方便和减少人员投入为目标的常规组织结构调整会让组织有效地构建和运维软件系统的能力荡然无存。忽视康威定律、团队认知负荷和相关的动态风险来进行组织结构的调整，就好比让一个小孩子来做心脏外科手术一样，往往是毁灭性的。

总结：康威定律对于有效的技术团队设计至关重要

康威定律告诉我们，组织结构和团队间真实的沟通路径会直接影响所构建系统的架构。试图把软件设计看作一个独立的活动而脱离团队自身的设计是不成立的。

这个看似简单的定律影响深远。一方面，组织的设计限制了一个给定系统的可行架构数量。另一方面，软件交付的速度也会受到组织设计中团队依赖项的直接影响。

快速流动需要限制团队间的沟通。团队协作对于开发中的灰色地带非常重要，尤其是那些需要探索和专业度才能有所进展的领域。但对于执行而非探索领域来说，沟通就成了不必要的开销。

实现软件架构（以及与之相关的好处，比如交付速度或者故障恢复时长等）的一个关键方法就是使用逆康威定律：设计团队来满足理想的软件架构。我们提供了一个简单的例子，通过将数据库能力注入应用团队从而避免单体数据库，这样一来他们就有足够的自主权来维护一个独立的数据存储（可能会依赖一个核心DBA团队来推荐数据库设计或者与其他数据库保持同步）。

简而言之，在设计软件架构或者进行组织结构调整时，将康威定律纳入考虑因素之中，就能够受益于兼顾软件架构和团队设计的同态力。

第3章 团队优先的思维方式

3

解散高效能团队比破坏公物还过分，这是一种企业病态。

——Allan Kelly，摘自 *Project Myopia*

几十年来组织行为学专家早已明确现代复杂系统需要高效能团队。特别是Driskell和Salas发现，对于需要大量信息的知识密集型、问题解决型任务来说，一个有凝聚力的团队的表现要远远超出个人的集合。即便像美国陆军这种等级森严的组织，也将团队作为基本的作战单位。美国退役将军Stanley McChrystal在其畅销书《赋能：打造应对不确定性的敏捷团队》（*Team of Teams*）中指出，表现最突出的团队“之所以能够取得非凡的成就，不仅仅是因为团队成员的个人素质，还在于这些成员凝聚成了一个整体”。

在软件开发中，现代软件密集型系统所需的速度、频率、复杂性和变更的多样性意味着团队是必不可少的。依赖个体来理解和有效地处理构建和演进现代软件所需的信息量和信息的本质是不可持续的。事实上，谷歌在针对他们自己团队的研究中发现，团队活力远比谁在团队中更重要。在衡量绩效的时候，团队比个体更重要。因此，我们必须从团队入手实现高效的软件交付。有许多方面值得思考和培养，比如团队规模、团队寿命、团队关系和团队认知。

让小而美的长期团队成为标准

在本书中，“团队”有一个非常具体的定义。我们所说的团队，是指一个由5~9个人组成的稳定小组，作为一个整体朝着共同的目标努力。我们将团队视为组织中最小的交付实体。因此，团队永远不应该把工作指派给个人，而应指派给团队。在软件设计、交付和运维的全部领域，我们都从团队开始入手。

在大多数组织中，一个有效的团队最多由7~9个人组成。以亚马逊著名的“两张比萨”团队为例，他们软件团队的规模是只需要两张比萨饼就能喂饱全体成员。这一人数限制也是Scrum框架所推荐的，源于对群体认知和信任的进化限制，也就是我们所熟知的邓巴数字（以人类学家罗宾·邓巴命名）。邓巴发现15是一个人可以信任人数的极限，而其中只有5个人能获得深入了解和信任。

放任团队规模超过7~9这个魔法数字，将危及团队构建软件的生命力，因为信任将开始崩塌，不合时宜的决策也会随之而来。组织需要最大化团队成员之间的信任，这就意味着需要限制团队成员的数量。

当快速地交付变更时，确保对高度信任的不断追求是至关重要的。高度信任正是驱动团队创新和实验的源泉。如果信任缺失，或者由于组织变大而不断降低，交付的速度和安全将受到影响。

注意

高度信任的组织也可能存在于大型团队。

7~9 个人团队的规则在极少数情况下也存在例外。如果一个组织已经产生了高度信任、相互尊重、接受失败的文化，那么团队可能最多由 15 个人组成。但是根据我们的经验，很少有组织符合这个标准。

小规模带来信任

团队规模的限制和邓巴数字可以拓展到团队、部门、工作流、业务线等领域。除了邓巴数字，人类学研究表明人与人之间的关系类型和深度存在明显的限制：

- 大约只有 5 个人，我们能与之保持密切的个人关系和工作记忆。
- 大约只有 15 个人，我们能与之产生深度信任。
- 大约只有 50 个人，我们能与之建立互信。
- 大约只有 150 个人，我们能记得他们。

一些研究人员发现有效的社会关系的潜在极限大约在500~1500之间（大约有3倍乘数起作用）。关键在于，无论我们是否喜欢，任何组织中的有效群组大小都受到自然限制。当群组规模变大时，团队成员间的动态和行为都会或多或少地发生变化，小规模组织中的有效模式和规则很有可能不适用于更大规模。

团队需要信任来维持高效运作，但是如果团队规模变得太大，以至于难于维持必要的信任水平，那么组织就不能像之前小团队那样高效了。因此，在一个构建和运行软件系统的组织中，有意识地根据邓巴数字来控制团队的规模，对于达成预期行为和团队内部交互是至关重要的。

* 单一团队：大约 5~8 个人（基于业界经验）。
  * 在高度互信的组织中，不超过15个人。
* 家庭（部落）：不超过 50 个人的团队集合。
  * 在高度互信的组织中，不超过150个人。
* 部门 / 条线 / 损益线：大约 150~500 个人的团队集合。

组织可以由这些邓巴匹配的团队规模组合而来，当达到其中一个限制时，就需要拆分成另一个单元，出现一个半独立的组织。我们可以把这种邓巴扩展可视化为一组同心圆，包含了不断变大和变小的群组（参见图3.1，基于James Lewis提出的"洋葱"理念）。

在软件系统支持的产品和服务中，邓巴数字的限制意味着不同业务线或工作流的人数同样应该明确受到限制，尤其是部门人数超过50人的时候（150人或者500人），同内外部的团队交互也会发生变化。这也进一步要求软件架构进行调整以适配新的团队组织，以便团队能够继续有效地管理架构。这是我们习惯称之为"团队优先架构"的一个例子，这给很多组织带来了革命性的思维方式，像亚马逊这样的公司（"两张比萨"原则）已经证实这是一种非常成功和可扩展的方法。

小贴士

由邓巴数字驱动的团队优先软件架构。

期望改变软件系统架构来适应邓巴数字设定的人类交互限制。像微服务这样的方法对团队优先视角大有裨益。

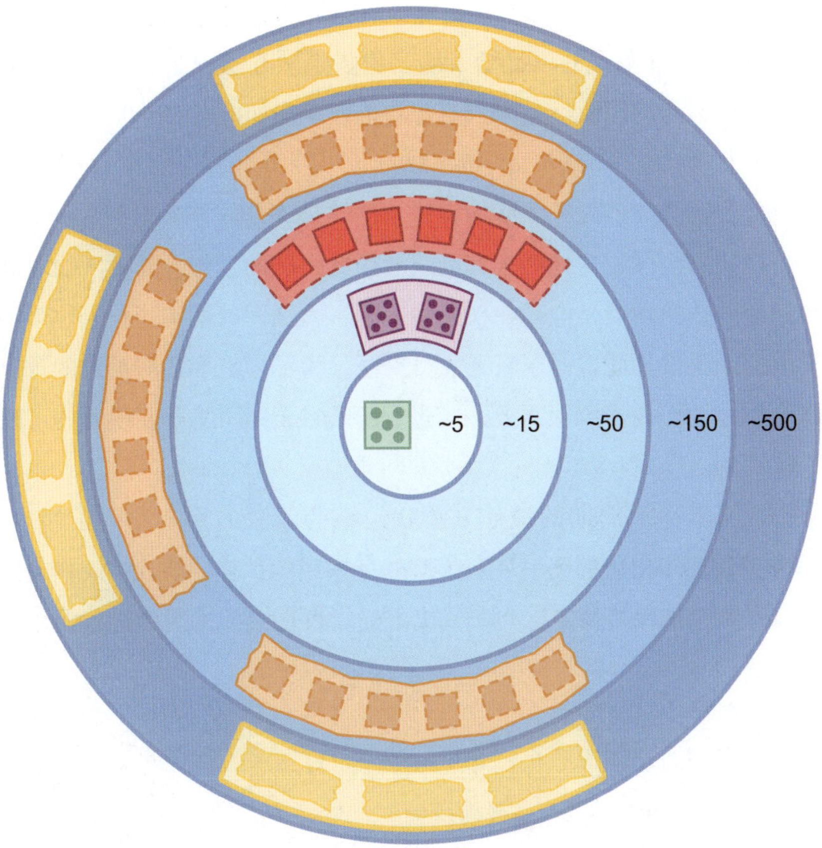

图3.1 使用邓巴数字扩展团队

组织群组需要符合邓巴数字，从差不多5个人（或者8个人的软件团队）逐步增长到15个人、50个人、150个人、500个人等。

工作流向长期团队

团队需要时间磨合来实现高效。通常团队需要花费2周到3个月甚至更长的时间来形成一个有凝聚力的集体。当团队进入这种特殊状态时，它所带来的工作效率将远超个人。如果一个团队需要3个月才能变得高效，那

第3章

么我们需要提供团队内外部的稳定性，从而帮助他们达到这种状态。

在一个为期6个月的项目结束后，团队刚刚开始展露高效，这时候将人员分配到不同的团队不是一个明智的选择。正如Fred Brooks在他的经典著作《人月神话》（*Mythical Man-Month*）中指出的那样，给一个团队添加新成员并不会立即提升团队的容量（这就是著名的布鲁克斯定律）。事实上，在初始阶段，这样做很有可能会降低团队的容量。需要一段时间来让人们适应新的环境，但是在新人加入后，团队内部的沟通路径也会因此显著增加。不仅如此，对于新老成员来说，为了理解和适应彼此的观点和工作习惯，他们在情感上需要适应过程（Tuckman团队开发模式的“激荡期”阶段）。

延长团队存活周期的最佳方法就是维持团队的稳定性，正如Allan Kelly在他2018年出版的图书*Project Myopia*中说的那样，要让“工作流向团队”。团队应该保持稳定，而非一成不变，仅在必要的时候进行偶尔的调整。

注意

超越 Tuckman 的性能模型。

Tuckman 模型描述了团队在四个阶段上的表现。

1. 组建期：团队刚刚建立。
2. 激荡期：解决最初的个性和工作方式上的差异。
3. 规范期：共同演进标准工作方式。
4. 执行期：达到高效能状态。

但是，在近些年的研究中，以 Pamela Knight 为代表的人指出这个模型并非那么精确，激荡期实际上在团队的整个生命周期中不断出现。组织需要通过对团队动力的培养来保持高效能。

在高度互信的组织中，人们可能每年更换一次团队，这对团队效能不会带来什么显著影响。比如，在专业云软件Pivotal公司，“工程师大约每9~12个月更换一次团队”。而在低互信的传统组织中，人们会在同一个团队中工作18个月甚至两年时间，团队需要通过培训来维持和改进团队凝聚力。

让团队对软件负责

在建立了小而美的长期团队后，我们就可以开始着手改进软件的所有者。团队所有权提供了至关重要的“连续性关注”，从而帮助现代系统保持可操作性的同时做到与时俱进。团队所有权还能够让团队在多个“视域”中思考，从探索阶段到开发执行阶段，来更好地维护软件及其活力。Jez Humble、Joanne Molesky和Barry O'Reilly在他们合著的《精益企业》（*Lean Enterprise*）一书中指出，视域1覆盖了产品和服务不远的未来，同一年内可以交付的结果；视域2覆盖了接下来的几个周期，产品和服务的范围不断扩大；视域3覆盖了接下来的几个月时间，需要通过试验来评估新服务、产品和特性的市场准入和适配活动。

让多个团队改动相同的系统或子系统的问题在于，没人负责所有的改动及其带来的混乱结果。然而，如果一个团队负责系统或子系统，并且团队成员可以自主地规划他们的工作，那么团队面对短期改动时就能做出明智的选择，因为他们知道在未来的几周里他们要花时间来移除不好的修改。这些不同的时间范围的意识和所有权可以帮助团队更加有效地关注代码。

软件系统的每一个部分都需要有明确的单一负责团队。这就意味着不能在组件、库或代码层面存在共享所有权。团队可能在运行时使用共享服务，但是每一个运行的服务、应用或者子系统都只能由一个团队管理。外部团队可能通过拉取请求或者建议的方式来向负责团队提出变更申请，但是他们没法直接做出改动。负责团队可能基于对其他团队的信任在一定时间内赋予他们访问代码的权限，但是只有原来的团队拥有所有权。

需要明确的是，团队的代码所有权并非是在划分地盘。团队对代码负责并维护，但是团队成员不应该觉得代码是他们的而排斥其他人。相反，团队应该将他们自己视为管家和看管人，而并非私人所有者。也就是说，将代码视为园艺工作，而非监管工作。

团队成员需要具备团队优先的思维

团队应该是交付的基础，而非个人。如果遵循团队优先方法，我们需要确保团队中的每个人都具备这样的思维方式。这对于有的人来说可能有些陌生，但只要有正确的引导和充足的时间来学习，很多人都能接受这种思维方式。

为了促成团队协作，团队成员需要将团队需求置于个人需求之上，他们需要做到：

- 按时参加站会。
- 保证讨论和调查事项走上正轨。
- 聚焦于团队目标。
- 在开始新工作之前帮助其他团队成员解决阻塞事项。
- 辅导新团队成员和缺乏经验的成员。
- 避免陷入“谁赢谁输”的争论，与此相反，认可探索新的选项。

然而即便通过引导，有的人依然不适合团队工作，或者不愿意将团队需求放在个人需求之上。这些人会影响团队工作，在极端场合下，甚至会摧毁团队。这类人就是“团队毒药”，需要在他们带来伤害之前将他们移出团队。在这个领域已经有一系列优秀的研究，比如其中一个研究表明：与以自我为中心的团队成员相比，集体导向的团队成员更有可能关注其他团队成员的任务输入，并在团队交互过程中提高他们的绩效。

在团队中拥抱多样化

在快速变化的需求和技术环境中，团队必须不断地寻找新的和创造性的方法来处理他们所面临的挑战，并与其他团队进行有效的沟通。最近在民用和军事领域的研究强烈表明，拥有不同背景成员的团队更容易快速地提出创造性的解决方案，也更容易理解其他团队的需求。

这种多样化的人员组合似乎也带来了更好的结果，因为团队成员只需要对软件用户的环境和需求做出少量假设即可。颇具影响力的《人件》（*Peopleware*）一书的作者Tom DeMarco和Timothy Lister注意到，“一点点异质性会极大地帮助创建一个团结的团队。”在探索新的可能性的情况下，拥有不同的观点和经验可以帮助团队更快地探索解决方案。正如《组织设计指南》（*Guide to Organisation Design*）的作者Naomi Stanford所提到的，“不同的员工能激发正能量，不同的员工能让员工和组织受益。”

奖励团队而非个人

《转危为安》（*Out of the Crisis*）一书的作者、精益生产运动的关键人物爱德华·戴明博士的管理14条指出要“废除年度绩效考核和目标管理”。在现代组织中，奖励个人绩效往往会导致糟糕的结果，并损害员工的行为。一个关于个人奖金的上不了台面的用途是，公司利用它来平衡年底的盈利能力。当公司陷入年度危机时，表现出色的个人可能也拿不到多少奖金。这就导致个人付出的努力和他们实际得到的奖金严重不匹配，使员工沮丧、失去动力。

在团队优先方法中，整个团队获得与之表现匹配的奖励。在20世纪90年代和21世纪初，科技公司诺基亚获得了巨大的成功。当时这家公司的一个显著特征是，“整个组织的工资差异被消除了，奖金通常根据团队和整个公司的业务来发放，而非个人表现。”

这一点对于培训经费来说也是如此。在团队优先方法下，整个团队而非个人获得了培训经费。如果团队想要派一个人一年里参加六七场大会，因为这些大会的内容对于团队来说很有帮助，团队认可这种方式就没问题。

良好设计的边界可以最小化认知负荷

将团队树立为交付的基础的同时，组织同样需要确保团队认知负荷没有处于过高水平。如果一个团队工作的软件系统需要过高的认知负荷，那么就难以有效地把握或者安全地迭代软件。在本章中，我们会识别哪些团队认知负荷可以被检测和约束，从而更安全地推进快速变更流程。

约束团队职责以匹配团队认知负荷

在现代软件交付中，最不为人熟知的增加摩擦的要素就是团队不得不处理越来越大而复杂的代码基线。这给团队带来了无限的认知负荷。

认知负荷也适用于编码较少、任务执行较多的团队，比如传统的运维或基础设施团队。他们同样会遭受过度的认知负荷，尤其是在他们的职责范围内，在需要运维的应用数量，以及要管理的工具方面。

使用团队优先方法，团队的职责与团队所能处理的认知负荷是吻合的。这所带来的积极影响能够改变团队的设计方式，以及在组织内部如何与其他团队交互的方法。

对于软件交付团队来说，在认知负荷方面，团队优先方法意味着要限制软件系统的大小，从而匹配团队的期望工作状态。也就是说，组织不应该允许一个软件子系统成长为超出团队所负责的软件的认知负荷。这种观点强烈和深刻地影响了软件系统的架构和形态，这一点我们会在本书后续章节提及。

在1988年，心理学家John Sweller将认知负荷定义为“工作记忆中使用的脑力劳动总量”。Sweller定义了三种不同的认知负荷。

- 固有认知负荷，与问题领域的基本任务相关，比如：Java 类的结构是什么样的？我要如何创建一个新方法？
- 额外认知负荷，与任务处理的环境相关，比如：我要如何重新部署这个组件？我要如何配置这个服务？
- 相关认知负荷，与那些需要格外关注学习和高性能方面的任务相关，比如：这个服务是如何与 ABC 服务进行交互的？

举例来说，开发人员对一个Web应用的*固有认知负荷*可能是所使用的计算机语言知识（在编程基础之上），*额外认知负荷*可能是实例化一个动态测试环境的详细命令，这些命令存在多条并且难以记忆，而*相关认知负荷*可能是应用开发人员所关联的特定业务领域，比如发票系统或视频处理算法等。Jo Pearce在软件开发领域认知负荷的研究中提供了非常多的案例。

一般来说，为了高效地交付和运维现代软件系统，组织应该试图最小化固有认知负荷，比如通过培训、良好的技术选型、招聘合适人员、结对编程等方式来实现。同时，要尽量消除额外认知负荷，尤其是那些没有意义的、冗余的任务和命令，这些保留在工作记忆中没有太大价值并且通常可以被自动化任务取代。最后，为相关认知负荷预留更多的空间，这也就是“增值”思维的所在。

正如我们在本章前面所看到的，团队构建和运行软件系统的最大有效规模是7~9个团队成员（参见图3.1），也就是说，对于一个团队同样存在最大可接受的认知负荷。很多组织在划分软件系统职责的时候并没有考虑到团队认知负荷，相反认为通过增加更多的团队来处理问题可以让认知负荷在团队间得到分担。这样一来，团队将会遭遇到布鲁克斯定律中提到的类似的沟通和交互压力。

如果我们将一个超出团队认知负荷的系统强加到团队的职责中的话，团队就无法像一个高效能单元一样运转，并且表现出一种松散组织的个体行为，每个人都在试图努力完成个体任务，却毫不关心是否能带给团队最大的收益。

限制团队认知负荷意味着限制团队工作的子系统或领域大小，Driskell和他的同事在他们的研究论文中提出了一种策略："对于非常看重高效能团队协作的环境来说，有必要在设计任务结构时通过委托子任务的方式让它变得不那么难以实现，这样一来注意力就会收敛到必要的任务上，团队协作也就顺利进行了。"

与此同时，需要为团队预留一部分空间来持续地降低他们当前面对的固有认知负荷和额外认知负荷，可以通过培训、实践、自动化和其他有效技术手段来实现。

使用相关领域复杂度来度量认知负荷

评估认知负荷的一个简单而快速的方法就是以一种非评判的方式问团队："你觉得你的工作效率高吗？你能及时响应那些交给你的工作吗？"

虽然这不是一个准确的衡量标准，但答案有助于判断团队是否感到超出负荷。如果答案是否定的，组织可以应用一些启发式方法来理解认知负荷是否过高以及为什么过高。如果确实是这样的话，组织需要采取必要的步骤来降低认知负荷，从而确保团队能够再次变得有效和主动。顺便说一句，这将增加团队内部的激励水平，因为团队成员能够看到更多工作的价值和目的。

试图通过一些简单的手段，比如代码行数、模块数、类数或方法数等，来确定软件的认知负荷，可能会被误导。在2009年，计算机研究人员格雷林·杰伊和他的同事们发现，一些编程语言比其他编程语言更冗长（微服务出现后，多语言系统变得越来越普遍），使用更多的抽象和重用代码的团队会带来更小和没必要的简单代码库。

在度量认知负荷的时候，我们真正在意的是领域复杂度，也就是说，我们试图通过软件解决的问题有多复杂？领域是相比软件大小更加适用的概念。比如，运行一个工具链来支持持续交付通常意味着大量的工具集成和测试。这同样需要一些自动化代码，但是相比构建面向用户的应用来说，所需的代码就不在一个数量级上了。领域可以帮助我们更加全面地思考并使用常见的启发式方法。

对于认知负荷来说，并不存在一个公式，但我们可以通过团队职责领域的数量和相关组织内部的复杂度来进行评估。第1章提到了OutSystems公司的工程生产力团队，认识到他们所负责的不同领域让他们超负荷运转，这些领域包括构建、持续集成、持续交付、自动化测试和基础设施自动化等。团队需要不断应对大量工作和上下文切换，这些任务同时来自不同的产品线。团队普遍认识到他们缺乏必要的领域知识，但是没有时间投入研究。事实上，他们绝大部分的认知负荷都是额外的，几乎没有空间留给固有认知负荷和相关认知负荷。

于是团队做出了一个大胆的决策，将团队拆分成微服务团队，每一个微服务团队都面向一个单一的产品领域：IDE生产力、平台服务生产力和基础设施自动化。两个生产力微服务团队与各自的产品领域（IDE和平台服务）保持一致和协作。跨领域的变更并不常见，因此单一团队模型更多的是为例外情况而非通用规则进行优化的。在新结构下，团队在跨领域问题上非常紧密地协作，并且按需建立临时微服务团队，不作为一个常态化结构来解决那些需要一个周期研究解决方案的问题。

在短短几个月后，结果大大超出了他们最好的预期。团队积极性大幅提升，每个微服务团队可以聚焦在单一领域上，同时他们不再需要一个领导者，而是由赋能团队进行决策。对每个团队来说，目标都非常清晰，大大减少了任务切换和频繁的团队内部沟通，这都要归功于一个单一共享目标而非一组目标。总而言之，工作的流程和质量就产品团队的解决方案的适用性而言得到了大幅提升。

限制每个团队的领域数量和类型

需要明确的是，“对于团队来说是不是正确的领域数量和类型”这种问题并没有一个绝对的答案。领域并非静态的，团队的认知容量也不是。但是合理的相关领域复杂度能够帮助团队塑造职责和边界。当对领域的复杂度有疑问时，总是优先考虑负责团队对此的感觉。降低复杂度（例如，“有大量的工具可用于持续交付——这并不困难”），为了在一个团队中“适应”更多领域，只会导致失败。

最开始，要识别每个团队必须处理的不同领域，并将其归类为简单（大多数工作都有一条清晰的行动路径）、复杂（需要分析变更，为了获取有效的解决方案可能需要几次迭代）、非常复杂（解决方案依赖于大量的试验和探索）。你可以通过对比不同团队的领域来对分类结果进行微调，比如领域A相比领域B来说哪个更加复杂？是否有类似的复杂度，还是说其中一个明显比另一个复杂？当前的领域分类结果是否客观体现了这些差异？

第一个启发是，可以将每个领域分配给单一团队。如果领域对团队来说太大，则将单一领域的职责拆分给不同团队。首先将领域拆分成子领域，然后将其分配给单一团队（参考第6章来获取如何拆分大型领域的内容）。

第二个启发是，一个7~9个人的黄金规模团队应该可以应对二三个“简单”领域。因为这些领域非常流程化并且响应更加机械化，所以在领域间切换的成本更可以被接受。在真实环境下，这种简单领域可能是一个老旧软件系统，仅仅有一些微小的、偶发的、简单的改动。不过，这样做的风险是会消减团队成员的积极性，毕竟他们都在处理例行工作。

第三个启发是，如果一个团队已经负责了非常复杂的领域，那么就不应该再给他们分配更多领域，即便是一个非常简单的领域。这是出于打断工作流成本的考量，毕竟解决特别复杂的问题需要花费时间和精力。另外，优先级方面也是如此，因为团队趋向于立刻解决那些简单、可预期的问题，所以会推迟执行复杂问题的解决方案，而这些问题对于业务来说往往更加重要。

最后一个启发是，避免单一团队负责两个复杂领域。对于八九个人的大团队来说，这看起来是合理的，但在实践中团队会表现为两个子团队，每个子团队负责一个领域，而并非每个人都期望熟悉两个领域，这会增加认知负荷和协调成本。相反，最好的方法是，再招聘一两个人，并将团队拆分为两个五个人左右的团队，这样一来他们就可以更加专注和自治（参见图3.2）。

总之，这些建议并非一条确定的通往成功之路，你可以把这些建议作为起点来让组织不断地进化和学习。始终记得，即便最后领域分配看起来是合理的，如果团队在工作中依然觉得超出负荷，由此带来的压力增加和士气衰减也会导致业绩不佳。

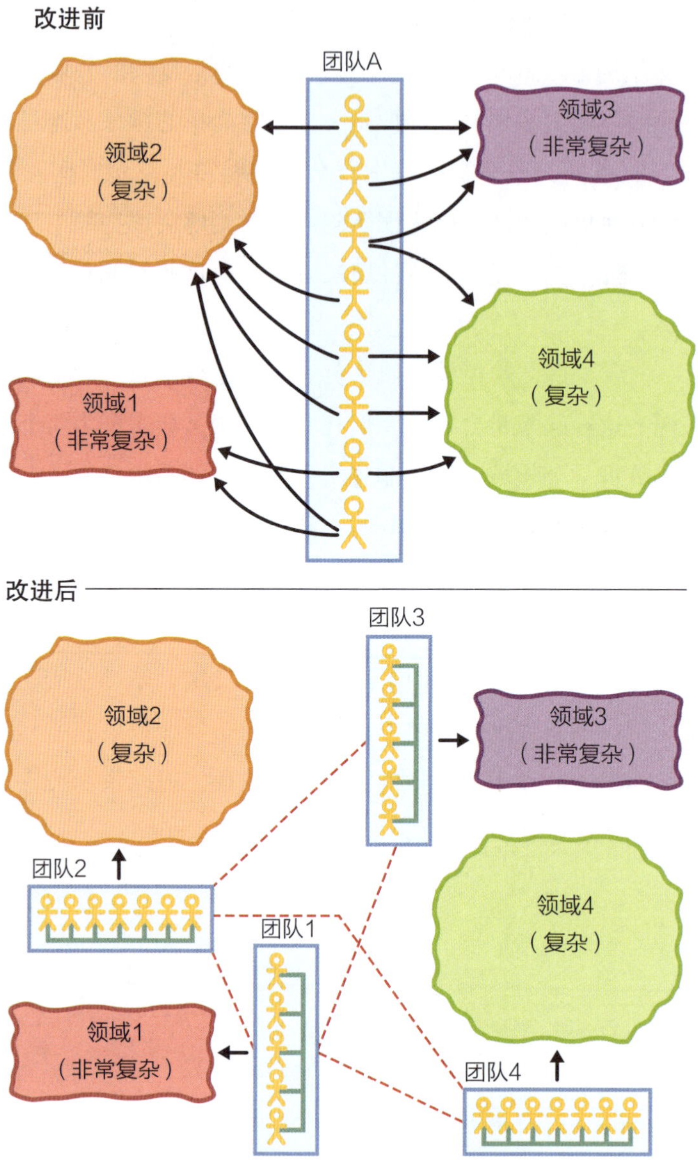

图3.2　只给每个团队分配一个复杂或非常复杂的领域

改进前：一个大型团队横跨四个领域（两个复杂和两个非常复杂），表现不佳。频繁的任务切换和个体作业使团队内部的士气受到负面影响。

改进后：多个小团队聚焦各自的单一领域，团队士气上升并且交付更加快速和可以预期。低频的团队间协作有助于快速解决偶发的影响多个领域的问题。

软件边界大小匹配团队认知负荷

为了保持软件交付团队的高效，并且能够主导和迭代软件系统，我们需要采用团队优先方法来确定软件子系统的大小和边界，而并非采用抽象方法来设计系统。我们需要对系统进行设计，使得软件边界与交付团队的认知负荷相匹配。

软件设计并不是要在单体架构和微服务架构之间做出选择，而是要适配团队的最大认知负荷。只有这样，我们才能寄希望于实现稳定、安全和快速的软件交付。这种应用于软件边界的团队优先方法有助于特定风格的软件架构，比如小型解耦服务。我们可以将这种软件子系统边界的团队优先方法可视化，如图3.3所示。

在图左侧，我们可以看到传统软件子系统边界，不同的系统部分或产品被分配给多团队、单团队和个人。在图右侧的团队拓扑的团队优先方法软件子系统边界中，系统和团队大小匹配，每个部分都由单一团队负责。

为了增加团队负责的软件子系统或领域大小，可以通过降低固有认知负荷和额外认知负荷来优化团队工作生态，从而最大化团队认知容量。

- 提供一种团队优先的工作环境（虚拟或物理的），你将在本章后面看到更多相关内容。
- 通过缩减会议、减少邮件、指派专门的团队或个人来支持答疑等手段来尽量少地打断团队日常工作。
- 变革管理形态，沟通目标和产出而非观察过程，McChrystal 在《赋能：打造应对不确定性的敏捷团队》中称之为“着眼，放手”。
- 提升其他使用你所在团队提供的代码或 API 的开发者体验质量，可以编写良好的文档，提供一致性、易用的用户交互设计和其他开发者体验实践。
- 使用一种专门为降低团队认知负荷而设计的平台来构建软件。

通过以上或类似方法，积极地减少团队和团队成员额外的脑力开销，组织可以给团队提供更多的认知空间来承担软件系统中更有挑战性的部分。相反，如果组织没有团队优先的办公空间、良好的管理实践，特别是团队优先的平台，那么团队可以承担的软件子系统将会变小。大量零碎的部分需要更多的团队来处理，成本也更高。通过面向认知负荷的设计，使用团队优先方法来定义软件子系统的边界，这意味着更快乐的团队以及最终带来的低成本。

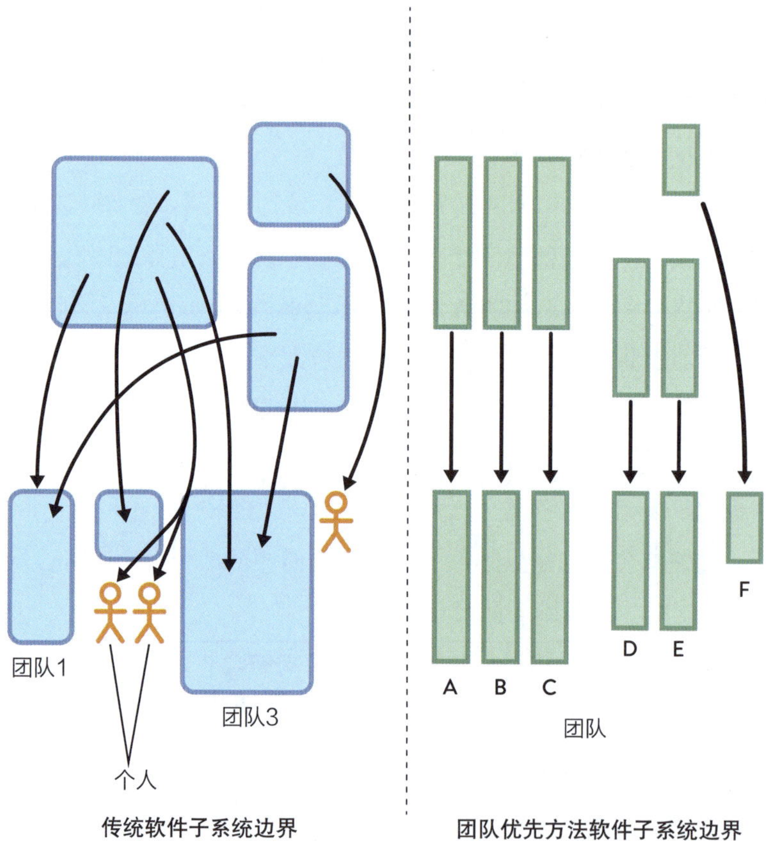

图3.3　传统的和团队优先的软件子系统边界

解决方案团队负责人Albert Bertilsson和网站开发人员Gustaf Nilsson Kotte回想起2017年，他们领导的宜家移动开发团队的认知负荷在不断增加。在过去的1年里，由于短时间内成功交付了多个项目，并跨越了多个市场，团队随之不断壮大。

随着他们维护的软件产品数量不断增加，这个高效能团队开始承担越来越多的责任。最终，他们遇到了一些问题，有些工作开始阻塞其他工作的发布流程。尽管能够理解团队的抗拒，但Bertilsson和Kotte成功地说服了团队成员，他们确实在一个代码库里面维护了两个产品，所以需要按照康威定律将团队一分为二。值得注意的是，作为一个高效能团队，他们拥有所有内在激励因素（自主性、掌控性和目的性），但他们仍然会感受到认知负荷带来的痛苦。

采用团队优先方法来定义软件边界的一个附加收益是，团队开始轻松地在所工作的软件中培养共享认知模型。研究表明团队的认知模型相似度是团队效能的一种有效预示，意味着更少的错误、更加连贯的代码，以及更加快速的交付和产出。随着我们不断优化团队，这种收益也通过一种积极的方式积累起来。

小贴士

面向他人最小化认知负荷是良好的软件开发中最有用的启发式方法。

设计“团队API”和促进团队交互

现在，我们将团队视为软件交付的基础，就可以开始围绕团队设计其他东西了。在本节中，我们会研究团队API和良好设计的团队交互等概念，并产生一个连贯、动态、交互清晰的团队网络。

“团队API”包括代码、文档和用户体验

在负责特定软件系统的长期、稳定团队中，我们可以开始构建稳定的团队*API*，也就是围绕每个团队的API。API（应用编程接口）描述和规定了如何同软件进行交互，我们将这个概念拓展到整个团队交互中，所以团队API包括如下内容。

- 代码：团队生成的运行时端点、库、客户端、UI 等。
- 版本：团队如何在代码和服务中识别变更，比如使用语义化版本号[SemVer] 作为一种“团队承诺”，不去破坏已有内容。
- Wiki 和文档：特别是团队所负责软件的操作指导。
- 实践和原则：团队倾向的工作方式。
- 沟通：团队远程沟通工具，比如聊天工具、视频会议等。
- 工作信息：团队在做什么，即将做什么，以及中短期的整体优先级。
- 其他：任何其他团队与团队交互的内容。

应该特别考虑团队API对其他团队来说是否易用，比如其他团队是否认为它们足够简单、直接，是否有难于理解和产生困惑的地方？对于一个新团队来说，它们是否足够简单，能够上手既有的代码和工作实践？我们应该如何应对其他团队的合并请求和建议？团队的工作事项和产品路线图是否对其他团队可见并易于理解？

为了更有效地使用团队优先方式维护软件，团队需要不断地定义、发布、测试和迭代他们的团队API，从而确保API对消费者适用。在由Heidi Helfand编写的*Dynamic Reteaming*一书中，Pivotal Cloud Foundry（PCF，一个主流的企业级PaaS提供商）的项目管理总监Evan Wiley描述了他见过的50多个团队。

> 我们确实在尽可能地维护一种**团队间基于契约、基于API的独立运作模式**。尽量不在团队之间共享代码库。特定团队的特性代码由这个团队独自拥有。如果另一个团队想要针对这套代码做出修改或者变更，要么通过合并请求的方式，要么使用跨团队结对的方式。类似于对代码有依赖的团队出一半人，上游团队再出一半人，然后共同完成特性。

在云服务商AWS，他们采用了一种更严格的团队API方法，其CEO Jeff Bezos近乎偏执地坚持团队间独立。比如，任何一个AWS团队必须假设所有其他团队都是潜在的服务不可用攻击者，从而要求服务级别的限额和限流。

很多造就了优秀团队API的行为和模式同样带来了优秀的平台和优秀的团队交互。第5章介绍了获取优秀平台的更多信息，第7章介绍了承诺理论，一种基于团队方法的社会技术系统协作方法。

促进团队信任、认知和学习

提供时间、空间和资源来使能和鼓励不同团队中具备相似技能和经验的员工凑到一起学习，从而提升职业竞争力，这是至关重要的。

通过明确安排时间和空间帮助团队和成员相互交流和学习，组织可以让学习和建立信任成为组织文化的一部分，从而促进更有效的团队交互。为了帮助团队构建信任、认知和学习新事物的文化，有两种核心方法。（1）一个是有意设计的物理和虚拟环境。（2）另一个是让大家远离办公桌，参与到实践社区和组织中（一群兴趣相同的成员定期、自愿地聚在一起学习和分享，比如相关的兴趣领域、内部技术大会等）。

由于这类团队交互并不在每天的主要软件系统构建和运行过程中，所以康威定律的影响相对弱化，跨团队场景的交互则会发生。重要的是，团队有机会在这种场景下练习团队交互模式，有助于在构建和运行软件系统时同其他团队更加顺畅地打交道，Robert Axelrod和作者Mark Burgess的突破性研究发现了这一点。

设计物理和虚拟环境促进团队交互

有意设计的物理和虚拟环境对于团队学习和建立信任来说是非常必要的。但是，不同的人群在不同的时间需要不同的环境才能发挥生产力。有些任务，比如实现和测试一个复杂的算法，往往需要全神贯注、减少噪声打扰。其他任务依赖于高度协作的方式，比如定义用户故事和验收条件。整天戴着耳机工作的人被视为反社交，因为他们的行为并不会有助于促进交互和协作。但是也有可能因为办公环境比较嘈杂，而这些员工需要一个安静的环境来提升效率。

无论是单独的隔断还是完全开放式的座位，都无法适用于所有团队，我们需要更好的方式。团队需要具备频繁的、内部的及偶尔同外部团队协作的能力。无论是开放式办公空间（没有专属的团队工作区域）还是独立式工作空间（需要提前安排才能聚在一起，会议室永远是稀缺资源），都难以满足这种平衡。Spotify很早就意识到了这一点，并设计了办公场所来同时满足这两种需求。早在2012年，Henrik Kniberg和Anders Ivarsson（那时他们就职于Spotify）提及了部落中的小队是如何在同一间办公室中工作的，通常彼此相邻，附近的休息区促进了小队之间的协作。

为了实现高效软件交付，办公室设计需要适应各种工作模式：个人专注工作模式、团队内协作模式及跨团队协作模式。

那些明确指出工作类型的工作空间也有助于减少干扰和不必要的中断。

案例学习：CDL 专注团队的办公空间设计

CDL 开发总监 Michael Lambert

CDL 开发团队负责人 Andy Rubio

CDL 是一家坐落于英国的公司，是零售保险领域极具竞争力的市场领导者。

我们在 CDL 的敏捷之旅给很多方面带来了变革。其中，很多人感兴趣的是我们如何为团队搭建工作环境。起初，我们的敏捷团队可以非常奢侈地聚在一起办公。搬到新办公室之后，随着团队快速增长，我们将很多开发团队都迁回了原来的总部，分配了很多小型项目房间，这样开发团队可以驻扎在里面。我们喜欢这种方式带来的独立空间，但是对跨团队沟通及对其他团队可见的层面，就不是最佳选择了。当建设新的“代码空间”时，我们花了很长时间努力思考开发区域的布局应该是怎样的。

我们要将一切可视化，于是大量的磁性白板就很有必要。我们喜欢原来的总部带给大家的团队空间，但是我们需要减少团队隔离，不过通常情况下存在物理空间限制。如果团队没有足够的空间，或者只有一些隔断，以及马蹄形的工位，那么团队日常活动用的会议室就成了大问题。理想情况下，我们希望两者兼得：团队空间让团队聚焦工作，并兼顾团队协作和共享的开放性。

我们想到了一个叫作“工作台”的方法，每个团队都有一个工作台，工作台之间使用白板隔断。在靠墙的位置，涂好智能面漆，这样就可以直接在上面写写画画（参见图 3.4）。

团队的规模和成长速度也是设计中的重要因素之一。有的团队小一些，有的可能成长迅速。由于没有固定位置的桌子底座和桌腿，所以桌子的摆放可以自由扩展。小团队可以向外拓展，同时成长中的团队可以坐得紧凑一些，当然这些都是有限度的。当一个团队太大时，就会被拆分成两个小一点的团队，每个团队独立负责一半的工作事项。这样做的好处是，每个团队都继承了之前团队的文化，并且随着时间的推移，他们会变得多样化和实现自我成长。幸运的话，你可以跳过“激荡期”和“规范期”阶段，无须从零组建一个团队。我们有意设计了不同大小的工作台，这样可以容纳一两个额外的桌子。

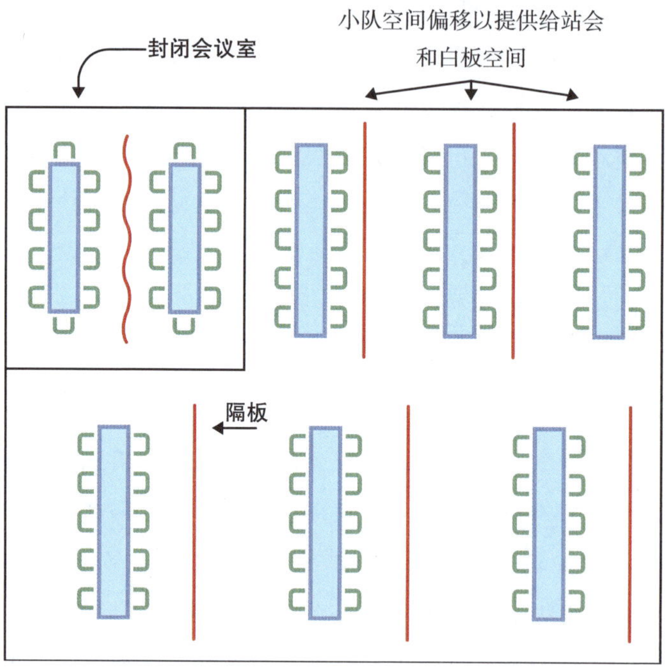

图3.4　CDL的办公布局

一开始，团队的桌子被摆放在中间并对称地分布于白板之间，但我们很快意识到非对称的摆放更好，桌子更靠近一侧。这样一来，另一侧就提供了更充裕的空间让团队聚在一起，同时不影响有效使用白板。

当为新的数字化团队装修顶层空间时，我们借鉴了这些实践中学到的东西。以往沉重结构的隔断非常昂贵，当你想要移动它们的时候得花大价钱。在新的数字化空间中，取而代之地引入了很多大型、可移动的实用白板。团队可以重新、自组织地调整空间。

这个设计方案并不完美，每个空间或多或少都会有所妥协。我们都会犯错，但是我们会持续学习和改进。其中一个试验就是移除团队工作台中间的小玻璃隔板。另一个就是提供高度可调节的桌椅，以满足站立办公或者腿伸不开的人。

正如CDL的案例所展示的，物理工作环境给高效能团队交互能力带来了至关重要的影响。成功的组织都会花时间和资金为他们的员工打造一个舒适的物理空间。

例如，荷兰的ING银行在2015年明确地把重新设计办公空间作为一项重要的组织变革，帮助团队匹配价值流。在ING银行，几个服务于相似产品和服务的流动式小队构成了一个部落。每个部落都有独立的办公区域，其中包括了多个团队大小的空间，每个小队使用一个。这种办公布局的设计经过了深思熟虑，小队或者部落的成员可以轻而易举地识别出其他团队的工作（比如看板墙、在制品限制、状态雷达等）并且快速学习新的方法。有些组织可能走得更远，把整层的办公空间划分为独立的业务流，促进快速流动和团队间的简单协作。

来自Red Hat开放创新实验室的 Jeremy Brown告诉我们，为了频繁地调整物理环境来满足不同的工作类型，他们是如何给所有东西（包括花草）装上轮子的，从而让团队形成和发展自己的独立空间。在Scott Doorley和Scott Witthoft 2012年出版的*Make Space*一书中，展现了很多其他的创造性想法，安排物理空间以激发团队的创造力和团队交互。

第3章

案例学习：汽车交易中满足流动式协作的流动式办公布局

Auto Trader 运维工程主管 Dave Whyte
Auto Trader 用户运营主管 Andy Humphrey

早在 2013 年，当我们开始从一个在全国拥有许多不同办公室的印刷型企业向一个 100% 数字化的企业转变时，我们就开始寻找可以改善协作和优化工作流的方法。我们将 15 个办公室重组为 3 个，在英国曼彻斯特的主要办公室只有两层。工作环境尽可能地开放，所有的高级经理和他们的团队坐在一起，没有私人办公室。这使得人们之间的交流更加容易，最终我们开始整合“业务”和 IT 团队。

新办公室为协作而建，从桌子的摆放方式到一个人在办公桌上可以使用的显示器数量限制（以避免人们“躲”在屏幕后面）都进行了设计。在过去的几年里，我们尝试了不同的办公布局和座位计划，以帮助合适的团队进行沟通，并优化流程。

- 将技术团队和非技术团队放在同一层的同一个区域，这样有助于打破部门壁垒，从而共享相同的目标和用户。统一销售、产品、服务和技术团队使用的设备，从而更广泛地共享工具并以相同的方式工作（例如，所有的销售和服务团队同事都有笔记本电脑，你也不必为了得到一台 MacBook 而争当明星程序员）。
- 清空桌面规则：提供保管箱用于存放个人物品，鼓励人们在办公室里四处走动，坐在他们喜欢的地方来创造价值，而不是局限于固定团队的固定工位。
- 技术约束：办公桌被设计为仅支持一个显示器，这样就可以看到坐在对面的人，进行更自由的交互。技术人员拥有两三台显示器是很普遍的事情，所以这种设计并不常见。但这是一个很有趣的例子，通过限制使用一些技术来打造数字化组织，从而为了目标更高效地协作。甚至桌子腿都是凹进去的，营造出一种长凳效果，这样一来人们就可以在工位之间自由移动而不会绊到腿，方便和其他人坐在一起。

- 白板墙：为了鼓励更多非正式、创意性沟通，墙壁被设计成可书写的，这样无论是在走廊中还是汽车旁都可以边画边讨论。大多数会议室采用玻璃设计，这样人们就能看到谁在里面，并决定是否需要进去。我们还设计了很多非正式的会议空间，沙发、软椅等，大家可以随时跟同事坐下来聊天，而不用提前预订会议室。
- 活动空间：在所有的建筑中都设计有活动空间，这样我们可以聚在一起并且甚至邀请本地社区参与进来，共同组织活动和会议，帮助我们了解组织外的人并和他们一起工作。

我们现在会让一个特定业务线上的所有成员坐在一起。比方说私人广告是我们的业务线之一，负责私人汽车销售，所有与之相关的业务线成员都位于同一层：市场人员、销售人员、开发人员、测试人员、产品经理等。这意味着同一条业务线上的每个人都能共同“感受痛苦”，所有的决策都是共同制定的。我们发现，当你和别人坐在一起的时候，你就开始从别人的视角看问题。

办公布局是精心设计的，对流程和特定的协作有益。我们基于 Spotify 模式构建了松散的团队，大约由 8 个人组成一个小队来负责系统的特定部分，小队的集合被视为部落。每个小队都有自己的团队区域，并且与相同部落的其他小队相邻。这使得部落中的小队之间可以随时相互交谈，在相近的系统部分开展协作，同时用墙壁和楼层从物理上与其他部落分开。

这种布局有助于团队聚焦于他们的业务线领域，最小化同其他业务领域团队交流的必要，促进日常工作正常完成。我们会通过定期的工会学习和晚间聚会，使跨部落的团队聚在一起分享和学习。

许多组织逐渐采用远程优先策略，虚拟环境变得越来越重要。虚拟环境包括了Wiki、内外部博客和组织网站、聊天工具、工作跟踪系统等数字空间等。有效的远程办公不仅在于要引入必要的工具，团队还需要就工作时间、响应时间、视频会议、沟通语气和其他实际方面的基本规则达成一致。如果低估了这些规则，那么即便有正确的工具，也有可能会毁掉一个分布式团队。Jason Fried和David Heinemeir Hansson在他们2013年出版的《重来2：更为简单高效的远程工作方式》（*Remote: Office Not Required*）一书中详细阐述了如何为远程团队解决这些问题，也涉及了很多远程团队其他方面的重要内容。

从有效沟通的角度来说，虚拟环境应该易于使用，引导人们快速找到正确的答案。通常情况下，聊天工具应用有频道和空间名，这些名称应该易于理解和查找，可以给群聊名称加上如下前缀：

#deploy-pre-production

. . .

#practices-engineering

#practices-testing

. . .

#support-environments

#support-logging

#support-onboarding

. . .

#team-vesuvius

#team-kilimanjaro

#team-krakatoa

在虚拟环境中，为用户名设计一个通用的命名规则是非常有用的，这可以让人们一目了然地识别出个人所在的团队，特别是那些提供平台或组件服务的中心服务化团队（更多信息参考第5章）。相比简单地使用“Jai Kale”作为聊天工具或Wiki的显示名称，采用“[平台名] Jai Kale”更便于识别Jai Kale所属的平台团队。

警告：工程实践是基础

总的来说，技术团队需要加快引入那些被证明过的团队实践，比如持续交付、测试优先的开发及聚焦软件可运维性和可发布性。如果没有这些实践，那么在团队优先的工作和流程方法上付出的努力会被极大地削弱，或者难以全面实现。

持续交付实践支持基于假设驱动的开发和自动化，运维实践提供了早期和持续的运维校验和故障探索、可测试性实践和测试优先开发模式，增强了解决方案的设计和适用性，可发布性实践保证了交付流水线被视为头号产品。所有这些对于快速流动来说都是至关重要的，并且需要所有工程团队的持续努力。

总结：控制团队认知负荷并促进团队交互来实现快速交付

在快速变化和具有挑战性的环境中，团队比个人小组更有效。成功的组织——从美国军队到大大小小的公司——把团队作为完成工作的基本手段。团队通常是小巧、稳定和长期存在的，允许团队成员花时间和空间来打磨他们的工作模式和团队动力。

重要的是，由于团队规模（邓巴数字）的限制，单个团队能够承受的认知负荷有一个有效的上限。这强烈表明任何团队负责的软件系统大小和领域复杂度都存在一个上限。团队需要全权掌控他们所负责的系统或子系统。处理多个代码库的团队往往缺乏主人翁意识，特别是缺乏保持系统健康的理解和意识。

团队优先方法为组织中各种类型的人员提供了成长机会，相对于在分散个体的组织中需要自我保护和适应才能幸存下来，团队优先组织中的成员有机会获得空间和支持，以培养他们的技能和在团队中进行实践。

更为重要的是，在日常工作中，个体之间的交流被团队之间的交流所取代，组织支持更全面的沟通交流，无论是对擅长一对一交流的人员还是对喜欢活跃在群中的人员来说，都是如此。此外，那些具有破坏性的个人影响被削弱，这种人性化的方法正是团队优先策略所带来的巨大收益。

第II部分

围绕工作流设计团队拓扑

核心观点

第4章

- 随意的、不稳定的团队设计减慢了软件交付速度。
- 并不存在最佳团队拓扑，但对组织来说有一些需要回避的反模式。
- 技术和文化的成熟度、组织规模和工程原则是考虑采用哪类团队拓扑的关键要素。
- 实际上，特性团队 / 产品团队模式值得推荐，但是只有在周边环境支持的情况下才能发挥效用。
- 拆分团队职责可以打破竖井并赋能其他团队。

第5章

- 四类基本团队拓扑简化了现代软件团队的交互模式。
- 将业界常见的团队类型映射到基本团队拓扑能够帮助组织获得成功、消弭职责的灰色地带，并且平衡团队的工作负荷。
- 最主要的团队拓扑是流动式团队，其他类型的团队拓扑都支持该团队拓扑。
- 其他团队拓扑包括：赋能、复杂子系统和平台。
- 大规模团队拓扑通常是“分形”[1]（自相似）的：团队的团队，由小团队组成的更大的团队也遵循此规律。

第6章

- 使用团队优先方法来确定软件边界。
- 小心软件交付链中隐藏的单体和耦合。
- 通过业务领域上下文来定义软件边界。
- 在必要和合适的时机考虑可替代的软件边界。

---

1 分形是用于描述大自然的几何学，可以简单理解为多维度的，这里意指不同层级的团队都适合使用团队拓扑。——译者注

第4章

静态团队拓扑

按照业务领域来组建团队，而不是按照技术活动来组建团队。

——Jutta Eckstein，摘自 *Feature Teams—Distributed and Dispersed*，*Agility Across Time and Space*

在第I部分中，我们看到了在最终产品设计方面通过镜像团队结构和沟通路径，康威定律应用于系统架构的有力证据。我们同样强调了高效软件交付依赖于团队优先方法，通过长期存在的自治团队实现快速流动。在第II部分中，我们会聚焦如何将两组概念相结合来最大化流动，并尊重团队的认知负荷限制。

在第4章中，我们会从团队设计需求方面入手，理解好坏团队模式是诸多领域中的一个要素，这些领域包括组织规模、成熟度、软件规模等。当前，主流的构建或重组团队的方式更多的是一时兴起的，聚焦于短期需要而非长线能力建设。

为了尽可能地实现高效，我们需要持续设计团队而不是让他们野蛮生长。我们称之为有意识的团队结构设计，也就是团队拓扑，这是一个专有名称，承认团队在组织中应该有所定位，同时明确每个团队的职责边界。

在本章中，我们先来看看静态团队拓扑的例子，也就是团队结构和交互适配组织特定时间的特定场景。实际上，我们会从DevOps拓扑分类入手，这对于大多数组织来说是一个良好的起点。

不过首先，我们还是来看看几个临时团队设计方面常见的反模式。

团队反模式

正如我们所了解的那样，根据康威定律，构建和运维软件系统的组织的人员构成方式给最终开发出来的系统带来了深刻的影响。

如果组织没有深入思考团队结构和交互模式，在构建和运行软件系统时就会遇到意想不到的困难。在同客户共事的过程中，我们发现了两种特别的反模式，这两种反模式在不同规模的企业塑造团队的过程中比较有代表性。

第一种反模式是临时起意的团队设计。它包括团队规模巨大和沟通过载带来的额外成本，于是将一个大规模团队拆散，或者建立一个新团队来负责全部商业软件和中间件的维护，又或者仅仅因为某次数据处理导致的生产崩溃事故而构建了一个DBA团队。当然，针对这些场景应该采取一些行动，但是如果不思考更广泛的团队间交互管理场景，那些看起来很自然的解决方案很有可能会拖慢交付速度，并破坏团队自治能力。

第二种反模式是频繁调动团队成员。这导致了团队仅仅为项目而组建，在项目完成后就立即被打散，也许只留一到两名工程师来“加固”或维护应用。看起来这样体现了高度的灵活性，以及更快速地应对交付日期的响应能力，但是构建新团队和反复切换上下文的成本被低估（或者压根不在项目的预估之中）。虽然一台电脑无论在哪个房间里都能起到相同的作用，但是将一名工程师纳入两个不同的团队能发挥的作用可大不一样。

组织必须更严谨地设计团队，认真思考以下问题：在给定技能、约束、文化及工程能力成熟度、预期软件架构和业务目标的前提下，哪类团队拓扑有助于更快速、安全地交付？我们要如何减少或者尽量避免主要变更流程中的团队工作移交？为了保证系统可行性并鼓励快速流动，如何定义软件系统边界？我们的团队应该如何匹配以上这些目标？

为变更的流动而设计

构建和运行大规模软件系统的组织在设计组织结构时，都开始重视从概念到可工作软件的变更流程，也就是我们所说的“低摩擦”软件交付。传统的组织模式，比如跨部门的职能竖井、严重依赖外包资源、大量重复的团队间手工流转，无法提供快速、安全的交付或者满足现有业务服务的持续演进的组织反馈机制，从而实现常态化的从客户到市场条件的快速反馈。正如Naomi Stanford指出的，“如果组织得到精心设计，那么组织就有更大的概率获得成功。”

Spotify通过组织架构的精心设计实现了软件交付和运营效率的大幅提升，是一个很好的案例。2012年，Henrik Kniberg和Anders Ivarsson在他们的博客中详细描述了这个案例，并且将其命名为“Spotify的规模化敏捷实践”，这就是众所周知的“Spotify模型”。Spotify的技术人员被安排到小型、跨职能的自治小队（Squad）中，每个小队由5～9个人构成，他们拥有长期、稳定的使命。几个工作在相近领域的小队组成一个部落（Tribe），也就是一组关系密切的小队。部落中的小队熟悉其他小队的工作方式，并在部落内部紧密协作。

一个部落中具有相近技能的工程师通过一个叫分会（Chapter）的组织来分享实践。比方说，来自同一个部落六个小队的测试人员可能也是一个测试分会的成员。分会之间也有一定的管理需求，但是部门经理（也就是分会会长）会负责某个小队日常工作的一部分，并非是纯粹的管理人员。Spotify同样设计了一个更松散的协会（Guild），类似一个实践社区，成员可以来自多个部落、分会和小队。“分会和协会……是公司内部的黏合剂，提供了规模化的土壤，但又不会过度牺牲自治性。”

不少组织盲目地照搬Spotify模型，却没有理解Spotify团队管理背后的目的、文化、动态或者演化轨迹等。Kniberg和Ivarsson在他们的文章中明确提出：“我们并没有发明这个模型。Spotify（正如所有优秀的敏捷公司一样）在快速演进。这篇文章只不过是我们当前工作方式的一个快照，是一个进行中的旅程，而不是已经结束的旅程。”

在进行团队结构和团队交互的设计时，最关键的一点就是不要把其仅看作一个静态的人员分配过程。

通过打磨团队间的沟通方式来激活流动和感知

许多组织内部的团队在构建和运行软件系统的过程中存在明显的团队交互方面的缺陷。特别是，这类组织往往将软件交付看作一个单向过程，从需求到设计，从设计到编码，从编码到测试和发布，再从发布到业务运营（BAU）（参见图4.1）。

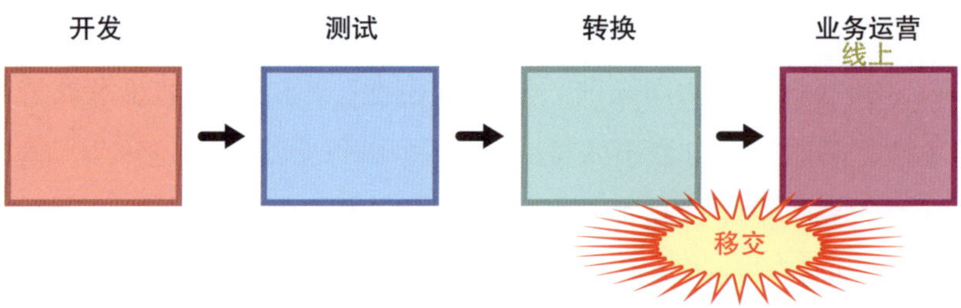

图4.1　没有按照变更流程优化的组织

在没有按照流动优化的组织中，传统的变更流程由一组分管不同活动的团队执行，并且将工作逐步移交给下一个团队。缺少从线上系统到软件开发团队的反馈信息流。

这种线性、分步骤的变更通常伴随着由不同阶段割裂的职能竖井（如

图4.1所示），这种方式与现代软件系统的复杂性和变更速度格格不入。软件开发过程完全不需要线上环境中所运行软件的反馈的假设是一个彻底的错误。相反，让软件开发团队暴露在线上运行环境中的组织相比竖井式的竞争对手来说，可以更快速地解决用户问题和运营故障（参见图4.2）。

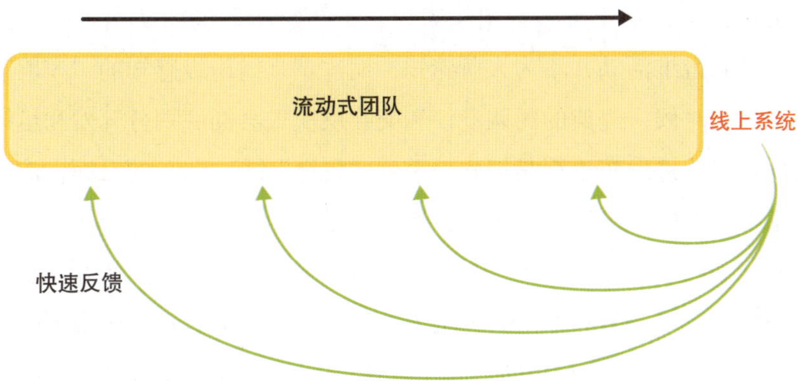

图4.2　为变更流程优化组织

为实现快速流动而设置的组织通过将工作保持在流动式团队内来避免交接，并且可以确保将丰富的操作信息集反馈给团队。

在*Accelerate*一书中，Nicole Forsgren、Jez Humble和Gene Kim在收集了全球数百个组织的软件开发实践后，得出这样的结论："我们必须……构建跨职能的交付团队，让它可以独立地完成设计、开发、测试、部署、运维系统等一系列活动。"重视线上运行系统反馈的组织，不仅可以更快地改进软件，而且可以更快地响应用户。

这种杰出的"感知"能力来源于将一线员工和团队视为高价值的信息来源，这些信息来自市场和组织的运营环境。

当我们将这种感知不仅应用于组织的边界，还应用于组织的内部——团队间的时候，我们能够显著提升快速识别平台、服务和接口间缺陷的战略能力，使得我们能够尽早解决问题，从而提升IT整体上的效能水平。（我们将会在第III部分深入探讨组织感知的话题。）

DevOps和DevOps拓扑

在2009年，对于大多数组织来说，由一个跨职能团队负责软件的构建、测试和运维活动并不为人所熟知，而这正是组织级感知的“涅槃”。因为在那个时候，经典的团队设计和交互反模式会彻底划分开发和运维团队的职责，软件发布过程是把软件丢到“篱笆”或“墙”的对面，沟通完全基于工单进行。在DevOps的世界中，这是典型的“混乱之墙”。

DevOps运动兴起于2009年，它的诞生正是由于日益加深的开发和运维之间的摩擦，以及随着敏捷成为主流后日益频繁的部署带给运维团队的显著压力。很多组织在采用敏捷方法的时候，没有意识到软件交付速度将超出运维团队提供资源和进行部署的能力。这使得团队间的矛盾不断加剧，导致低效的工作及对工作流关注的缺失。

DevOps的关键贡献在于，它引发了我们对交付链路上的团队间交互（或不交互）会带来延期、返工、失败等问题的思考并让我们意识到对其他团队缺少理解和关心。很明显，这些问题不仅出现在应用开发和运维团队之间，也同样出现在其他软件交付过程的团队中，比如质量保障、信息安全、网络等团队中。

虽然很多人将DevOps视为自动化和工具领域技术实践的基础，但是只有当组织关注团队间的本质冲突时，才有可能收获实践DevOps的全部潜在收益。

DevOps拓扑

DevOps拓扑最早由Matthew Skelton在2013年提出并由Manuel Pais进一步扩展，它最早是一组线上收集的团队设计和交互模式/反模式，进而引发了围绕团队职责、交互界面和技术团队间协作等的话题。重要的是，这些成功模式强依赖于组织环境，比如组织和产品规模、工程能力成熟度或者共享目标等。

DevOps拓扑逐渐成为企业级软件交付团队结构的重要参考，然而这些模式并非一种静态结构，而是受到交付产品类型、技术领导力及运维经验等多种因素影响，在某个时间点上的写照。也就是说，团队应该与时俱进。

本章介绍了DevOps拓扑分类中的一些模式，有助于在根据组织环境和需求选择团队结构时进行思考。本书并不希望过度地深入探讨DevOps拓扑，因为这些资料在互联网上都有，而是希望为应用DevOps的技术团队的团队设计方面提供一些有用的指引。本书的剩余部分会关注更广泛的业务和技术团队领域，这远超DevOps的范畴。

DevOps拓扑反映了两个核心理念。（1）没有一种通用的组织架构方法来让DevOps获得成功。任何一个给定拓扑的适用性和有效性都取决于组织所处的场景。（2）部分拓扑是阻碍DevOps成功的反模式，它们忽略了甚至同DevOps的核心理念背道而驰。简而言之，并不存在所谓“正确”的团队拓扑，但在组织中存在很多“错误”的团队拓扑。

成功的团队模式

选择一个不合理的拓扑并不意味着预期的产出也是不好的。通常情况下，一个拓扑结构没有带来预期的收益往往是因为它只关注新的团队结构，却忽视了周边团队和结构。不同类型的团队的成功不仅在于团队成功的技术和经验，同样依赖于（甚至更重要的是）周边环境、团队和交互。

特性团队依赖于高度工程能力成熟度和互信

以特性团队为例，这些团队是跨职能、跨组件团队，负责一个用户特性从概念到生产的全部过程，完成用户需求交付，监控使用情况及性能表现。那么这是一个好模式还是一个反模式呢？正如你现在想的那样，这取决于具体情况。

相比多组件团队仅完成各自的变更并协调到一次单一的发布流程来说，跨职能特性团队可以通过交付跨组件、用户导向的特性为组织更快地带来高价值。但想要做到这点，特性团队必须是自给自足的，这意味着他们能够在不依赖于其他团队的前提下完成特性向生产环境的交付。

特性团队往往需要修改多个代码库，这些代码库由不同组件团队管理。如果团队不具备高度的工程能力成熟度，那么他们很有可能会走捷径，比如没有为新的用户工作流设计自动化测试，或者没有遵守“童子军原则”（让代码持续向好）。如此一来，随着技术债的增长和交付速度的变慢，团队之间会逐渐失去信任。

多个团队在同一个代码库中叠加工作，会导致共享代码缺少负责人，除非团队间遵循高度协作的规则。

2015年前后，爱立信在新兴的通信业务领域引入了DevOps方法来构建和运行软件，比如“软件定义网络”“网络功能虚拟化”等领域。相关领域的团队负责软件开发到生产、运维的全过程。

爱立信的部分大规模项目由不同的子系统组成，依赖团队在多个办公中心工作。每个团队由5~9个成员构成，单一子系统由多个这样的团队协同开发。然而，为了独立交付，团队必须拥有所有关键能力和角色来开发和运维他们的特性。有时候，部分超大特性由不同的团队并行开发，共同组成了一个单一的大型特性团队。

然而，上述方法大大减少了开发一个子系统内部特性的团队间的沟通和依赖，但仍然需要一些人考虑和维护整个系统，确保子系统可以融入整个系统，满足期待的用户体验、性能和可靠性。为此，系统架构师、系统负责人、集成经理等特定角色应运而生。关键是，担任这些角色的人们在整个项目/组织中像“沟通渠道”一样工作，并与功能团队进行直接和频繁的交互。他们在跨子系统的事务（例如接口和集成）上提供支持和帮助，以便让特性交付顺畅且有节奏。

产品团队需要支持系统

产品团队（类似特性团队，但是负责一个或多个产品的所有特性）仍然依赖于平台、测试环境、构建系统、交付流水线等基础设施，才能将工作成果发布上线。他们或许能够完全控制其中部分依赖，但大多数时候他们依然需要外界的帮助，毕竟一个团队的知识和能力是有限的（如第3章所述）。

团队保持自主性的关键在于不被外部依赖所阻塞，也就是说新特性不能因为某些团队掌控范围之外的事情发生而处于停滞状态。举个例子，当产品团队交付一个特性的时候，确保独立的质量保障团队有时间进行功能评估和验收，这是一件极其困难的事情。团队拥有不同的工作量、优先级和问题，在构建和运行软件系统的时候有太多不确定的事情，影响多个团队按照预定义的时间节点来协作完成同一工作流。固执地坚持这种方法难以避免时间浪费和交付延期。

自服务能力是解决依赖阻塞的典型做法，这些能力（比如初始化测试环境、创建部署流水线、监控等）往往由其他团队开发和维护。产品团队可以按需独立地使用这些服务。

比如，微软公司从20世纪80年代开始采用产品团队。随着Azure为微软的产品和服务提供IaaS和PaaS解决方案，微软的团队将基础设施和平台特性视为一种服务。这大大加快了团队交付速度。特别是，构建Visual Studio产品的团队实现了从桌面优先、几个月交付一次到云优先、按天/按周交付的巨大转变。

如果缺少可兼容的支持系统，包括简单、易用的服务（建议采用平台方式提供）和团队在不熟悉领域所需的专家资源，会给产品团队带来显著瓶颈。产品团队最终不得不频繁等待来自职能团队的“强依赖”，比如基础设施、网络和质量保障等。产品团队承担了巨大的快速交付压力，但如果他们所使用的系统无法提供必要的自主性支持，那么就导致了日益增长的摩擦。

云团队无须创建应用基础设施

如果云团队只是换了个名字的传统基础设施团队，则难以享受云服务所带来的速度和扩展性优势。如果云团队依然保持现有的行为和基础设施流程，组织依然难逃以往软件交付过程中的延迟和瓶颈。

产品团队需要能够自主地初始化所需的云环境和资源，并按需创建镜像和模板。云团队可能继续负责初始化过程，确保流程受控、合规及审计（特别是在高度合规的行业中），然而他们应该将精力更多地投入提供高质量的自服务能力，以满足产品团队及风险合规管理方面的需要。

也就是说，我们需要定义两种职责，云团队负责设计云基础设施流程，产品团队负责实际初始化和更新应用资源。

SRE让可扩展性成为可能

SRE（Site Reliability Engineering，站点可靠性工程）是由谷歌创建的一种软件运维与改进方法，用以支持他们服务全球的百万用户级的系统。全面采用SRE将是对传统的IT运维方式的颠覆，因为SRE更加关注“错误预算”（Error Budget，可接受的累计宕机时长），并且SRE团队有能力将低质量的软件回退给软件开发团队。

SRE团队成员需要具备优秀的软件编程能力，并且至关重要的是，有一种强烈的意愿来通过代码自动化处理重复性的运维工作，持续地减少重复性劳动。谷歌的工程副总裁Ben Treynor说，SRE就是“当你安排软件工程师去设计运维功能时将会发生的事情”。

SRE模型通过服务等级目标（Service-Level Objectives，SLOs）和错误预算在开发团队与SRE团队之间建立了一种健康、高效的交互模式，从而平衡了新特性的交付速度及软件可用性所需的一系列工作。

小贴士

SRE 团队不是必不可少的，而是可选的。

可以说，并非每个谷歌的开发团队都使用 SRE。如谷歌 SRE 领导人 Jaana B. Dogan 所说：“如果项目规模缩减，那么相应的 SRE 支持也应该减少，甚至在规模足够小的时候，会让开发团队自己负责 SRE 工作。”

SRE是一种构建和运行大规模软件系统的高度动态的方法。在不同的时间点，SRE团队与软件开发团队之间具有多种不同的交互模式，这取决于多个因素：应用的用户量、软件的可靠性现状及产品视角的可靠性预期等，如图4.3所示。

SRE团队和软件开发团队之间的协作方式随着软件生命周期的变化而变化，甚至每个月都在变化。在早期（图4.3中的第一种方式），由于用户量还不大，软件开发团队自己负责开发并在生产环境中运行软件。而在第二个阶段（图4.3中的第二种方式），随着用户量的增大，SRE团队向软件开发团队提供全球化部署和运行等方面的指导（见图中绿色部分）。随着时间的推移，SRE团队将完全承担起运维和支持应用的责任（图4.3中的第三种方式），当然仍会与软件开发团队保持协作。此时，应用的产品负责人必须定义适当的服务等级目标和相应的错误预算。如果在随后的某个时间点，应用因为缺乏可运维性而变得难以维护，或者应用的用户量下降到一定程度，那么运维职责将重新回到软件开发团队（图4.3中的第四种方式）。如果应用的可运维性有了足够的改善（达到错误预算），或者用户量重新达到足够的量级，协作方式可能再次回到前面的第三种方式。

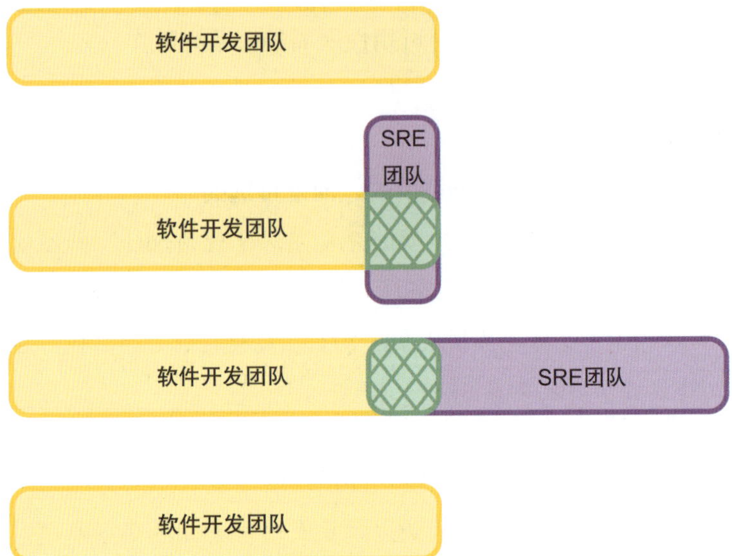

图4.3　SRE团队与软件开发团队之间的关系

SRE团队与软件开发团队之间的这种动态协作关系，令SRE这种方式在谷歌和类似组织中顺畅运行。它体现了构建并运行软件系统是一种社会性的技术活动，而不是工厂里的组装流水线。

> SRE团队可以同一个或多个软件开发团队构建紧密的协作关系并形成一个整体。从这个角度来说，可以认为SRE模型也是某种形态的流动式团队。

然而，SRE模型并不是一个简单的选项。谷歌云的客户可靠性工程负责人Dave Rensin认为，“想达到谷歌级别的运维水平，需要持续不断的努力。”SRE其实是软件开发团队对可运维性的承诺与SRE团队专家之间的动态平衡。如果没有一个高度的工程纪律和来自管理层的认可，这种精妙的平衡很容易退化成传统的“我们和他们”之间的竖井，从而导致团队间频繁的服务故障和不信任感加剧。

选择团队拓扑需要考虑的因素

一个组织所处的环境会对构建特定团队类型带来影响，这一点在我们之前提到的很多团队结构案例中体现得淋漓尽致。接下来，我们会列举选择团队拓扑时需要考虑的不同因素。

技术和文化成熟度

具有不同技术和文化成熟度的组织，匹配的高效团队结构也有所不同。比如，2013年亚马逊和Netflix公司都制定了完善的战略，组建跨职能团队并全权负责他们对组织其他团队所提供的服务。

与此同时，那些正在推广敏捷并向小批量交付转变的传统组织常常缺少成熟的工程实践，各团队在自动化测试、部署、监控等方面都难以保持长期、稳定的节奏。那么一个由经验丰富的工程师组成的DevOps临时团队会更加有效，在引入专业能力的同时，更重要的是在共享实践和工具方面加强团队协作。

然而，对于这类DevOps团队来说，如果没有一个明确的使命和截止时间，很容易演变成一个典型的反模式，也就是DevOps团队成了一个新的竖井，导致组织内部在配置管理、监控、部署策略等方面的知识难以共享。

另一方面，一个大型企业成功落地DevOps需要上下对齐。投资一个DevOps布道师团队，通过初期的成功引发组织内部的关注和兴趣，是很有必要的。

组织大小、软件规模和工程能力成熟度

如我们所知，组织和团队的现状在很大程度上决定了一个好的团队拓扑应该是什么样的。至少组织大小（或软件规模）和工程能力成熟度对DevOps场景下采用哪种拓扑来说是至关重要的，如图4.4所示。

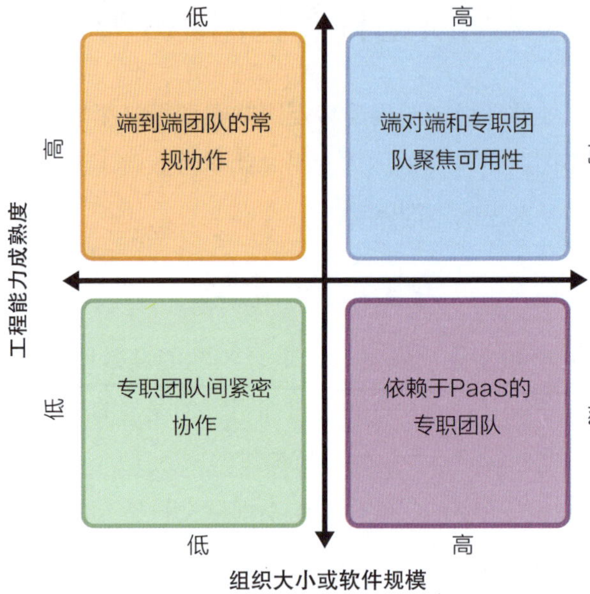

图4.4　组织大小和工程能力成熟度对团队拓扑的影响

组织大小（或软件规模）和工程纪律影响团队交互模式的有效性。

低成熟度的组织需要时间来逐步提升工程和产品开发能力，以便形成自主的端到端团队。这时候配备职能（开发、运维、安全等）团队是一种可接受的妥协方案，只要这些团队能够紧密协作、尽可能减少等待时间、快速提供反馈即可。在中等规模的组织（或中等规模的软件所对应的组织）中，强调团队间紧密协作的模式可以有效地加快速度。而当组织或软件的规模进一步扩张时，则应聚焦于提供底层基础设施或PaaS，它们能在

面向用户的服务可靠性方面带来重要的收益，从而更好地满足用户期望。当组织具有很高的工程能力成熟度和纪律时，前面提到的SRE模式同样可以得到规模化的效率。

拆分职能竖井

有时我们可以通过把一些特定团队所承担的若干职能拆分和授权给其他团队来减少或消除对这些团队的依赖。例如，在过去的几年中，越来越多的组织采用了这种改进模式：把数据库开发（DB Dev）从数据库管理（DBA）中拆分出来。

数据库开发和数据库管理原本是数据库团队这个竖井所承担的职责。但是随着变更流程的加快，以及多个应用共享数据库的情况减少，把这两个职能拆分出去则能够带来更高的效率。在实践上，DBA角色通常变成了在组织内部搭建的平台，或者使用云厂商提供的数据库服务（Database-as-a-Service）。

以上例子说明，需要认真考虑各团队所具备的能力（或不足），以及它们是如何给团队间的依赖带来影响的。在工作负荷增加时，不能一味地增加人手和团队，而是需要权衡利弊，认真考虑团队间哪些依赖应该减少，而哪些需要明确地接受并保留。（可参考第5章和第7章以获得更多有关团队关系的具体内容。）

团队间的依赖和等待时间

为了让各团队有明确的职责、各自独立工作、流程顺畅运转，我们需要调研与跟踪各团队间的依赖关系，以及因为等待而耗费的时间。在*Making Work Visible*一书中，Dominica DeGrandis推荐使用物理依赖矩阵或在看板卡片上加上“依赖标签”的方法来识别和跟踪依赖，并推断为了让这些依赖顺畅工作所需的团队间沟通。“将跨团队的信息可视化，可以促进团队间沟通。”

在2012年的论文“A Taxonomy of Dependencies in Agile Software Development”中，Diane Strode和Sid Huff将团队间依赖归为三类：知识依赖、任务依赖和资源依赖。这样的分类有助于分析团队间的依赖，以及潜在的针对工作流的约束。

不论使用什么工具，关键是要跟踪每个区域的依赖关系数，并针对特定场景建立有意义阈值和报警。依赖关系数不应该无限制地增长，其增长应该触发对团队设计和依赖的调整。

小贴士

发现并跟踪团队间依赖。

Spotify 公司使用一种简单的表格来发现并跟踪小队之间及部落之间的依赖。它突出了依赖是同一部落内小队之间的依赖，还是不同部落间的。前者是可接受的，而后者意味着团队设计或者工作分配可能是有问题的。这个工具同样能够跟踪依赖多长时间会影响依赖团队的工作流。

使用DevOps拓扑促进组织发展

至此，我们介绍了在某个特定时间点影响团队拓扑效用的多种因素。但是组织、团队和业务策略是在不断变化的，这可能是有意为之的变革（比如，通过引入DevOps来改进团队文化和工程能力成熟度）带来的，也可能是商业或技术的变化带来的。

很多组织从DevOps拓扑模式列表中挑选一个对当前团队结构来说最有效的方案。还有些组织做得更好，会规划未来演进路径上的若干步骤，从适配当前情况的拓扑结构，一直到满足未来组织能力和约束的目标方案。

随着组织的各方面情况不断变化而不断调整DevOps拓扑，这促进了组织的DevOps本身不断发展。下面是一些行业案例。

持续交付架构师Pulak Agrawal和UKI DevOps主管介绍了他们使用DevOps拓扑模式来改进组织结构的情况。这个例子发生在一个卫生保健领域的企业内，该企业在2017年4月创建了一个DevOps团队，并且由埃森哲提供咨询服务。然而，他们很快就意识到，他们落入了一个反模式：那些工具专家们让DevOps团队本身变成了一个竖井。

在2018年1月，他们改进了团队结构，让开发、运维和DevOps工具团队的协作更为紧密。Pulak是这样描述的：

> 我们在客户的Azure基础设施上实现了基础设施即代码（IaC）的项目，实现了企业级文档管理产品的自动化安装、配置和运维。我们为项目采用了“运维作为基础设施即服务”的模式。其中包括运维团队的早期参与，他们负责检查业务代码，而开发人员从第一天开始就专注于非功能性生产需求。而来自DevOps这个竖井团队的成员，也从项目早期就介入了，以帮助项目使用上述基础设施。

更进一步的改进目标是，把DevOps团队从一个操作类角色转变为技术布道师角色，这样一来开发和运维团队就都能自己自足并围绕必要的自动化步骤进行协作。Pulak介绍道：

> 此时的DevOps团队已进入了“DevOps布道师团队”模式，他们致力于培训和赋能各项目团队独立自主地工作，而不是总依靠他们。让开发和运维团队可以自行把开发和运维的各步骤配置为自动化执行，并添加监控和报警等。

在本书的第III部分中，我们将对团队拓扑的演进做更多的介绍，而不仅限于DevOps。

案例学习：TransUnion 公司团队拓扑的演进（第 1 部分）

TransUnion 公司 DevOps 主管 Ian Watson

TransUnion 公司（曾用名 Callcredit）是英国第二大信用调查机构（Credit Reference Agency，CRA），在西班牙、美国、迪拜、立陶宛设有海外办公室。他们提供管理消费者数据的全球专业服务，协助商业组织和消费者做出更佳、更明智的决策。

Ian Watson 在 2015 年到 2018 年担任该公司的 DevOps 主管，他回顾了 DevOps 拓扑是如何帮助公司成长的。

在 2014 年，TransUnion 的技术部门开始扩张，以满足市场对基于软件分析的解决方案的不断增长的需求。为了能够有效地扩大规模，我们仔细考虑了不同技术团队间的协作关系。我们转向了 DevOps 拓扑模式，希望能够帮助我们实现数字化转型。我们希望让开发和运维人员的合作更为紧密，同时避免一个单独的 DevOps 团队。事实上，我们使用了一种混合模式：设置了两个临时的 DevOps 团队，他们相互协作，让开发和运维工作逐步融为一体。

我们意识到在 TransUnion 引入 DevOps，并不是一次静态的资源重新配置就可以的，而是应当让团队关系不断演化。DevOps 拓扑模式帮助我们思考如何进行数字化转型，加速迁移到云平台并采用更多的自动化方法。这些模式让我们避免了一些陷阱，比如单独的 DevOps 团队，并帮助我们更有效地定义各团队的职责。这使得技术部门的规模在过去的四年里实现了显著增长，并且取得了很好的业绩。

（第 8 章会继续介绍）

总结：根据现状选择团队拓扑并持续演进

当扩大产品规模、采纳新技术及响应新的市场需求时，团队结构和职责会发生相应的变化来适应现状。但这并非经过深思熟虑的团队拓扑，也无法达成令人满意的速度和效率。

因为这种团队结构调整的决定常常是由某个单独的团队做出的，并没有全面考虑组织级的各种因素，比如技术和文化成熟度、组织规模、软件规模、工程文化及团队间依赖等。因此它只是对局部和短期问题的响应，无法适应不断出现的新问题。

名为“DevOps团队”的反模式就是一个很好的例子。理论上，它能够带来自动化和相关领域专家，并加速软件交付和运维。然而，软件开发团队可能会变得非常依赖于这样的团队来执行每个应用交付路径上的各执行步骤，而这样的团队本该为软件开发团队设计和构建自服务能力，提高他们的自主性。

至关重要的是，明确地考虑正在发挥作用的各个因素，并根据给定的组织环境（可能会缓慢发展）采用适合的拓扑，而不能只考虑解决某个具体问题或满足某一时刻的特定需求。

尤其是，DevOps拓扑能为正在引入DevOps的组织提供参考和借鉴。具有前瞻性的组织在设计团队结构时，会考虑未来的多个阶段，因为适合当前的设计不一定适合几年以后的情况，甚至不一定适合几个月以后的情况。

第5章 四类基本团队拓扑

5

> 组织结构决定了其所开发的系统的架构。
>
> ——Ruth Malan，摘自 *Conway's Law*

在很多组织中，经常存在着若干种团队类型，甚至每个团队充当着多种角色（比如基础设施和工具团队）。这种混乱的安排使得人们很难看清楚组织结构的全貌：每个功能都在由正确的团队负责吗？是否有薄弱环节没有被任何团队注意到？团队是否在自主工作和依赖其他团队之间取得了平衡？

如果我们将团队类型的数量缩减为四类基本团队拓扑，这个问题就迎刃而解了。

- 流动式团队
- 赋能团队
- 复杂子系统团队
- 平台团队

只要使用得当，这四类团队拓扑能够满足构建和运行现代软件系统的需要。结合有效的软件边界（第6章）和团队交互模式（第7章），这四类团队类型可以成为高效组织设计的利器（参见图5.1）。

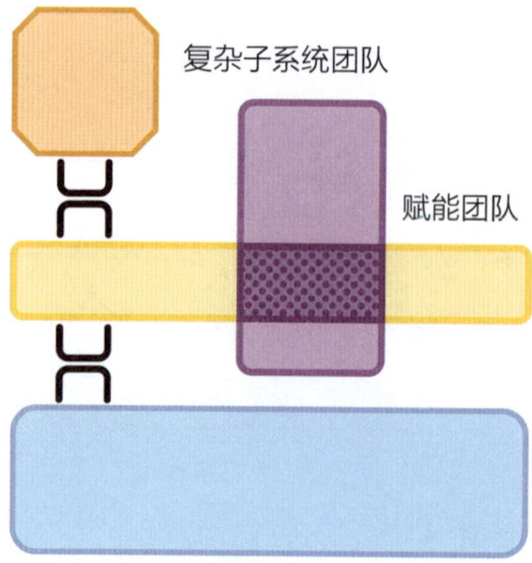

图5.1　四类基本团队拓扑

第5章

流动式、赋能、复杂子系统、平台这四类基本团队拓扑就像所有团队类型的磁场，吸引团队向四类磁极之一移动。也就是说，我们应该优先使用这些团队类型，并为组织中的每个团队应用这些基本类型的目标、角色、职责和交互模式。四类简化的团队类型有助于降低组织内部的复杂度。正如Jiao Luo及其同事在2018年发表的一份调查中所指出的，降低组织中角色的模糊性是成功的现代组织设计的关键。

在大中型组织中，每类基本团队拓扑都可能对应一个或多个团队。多个流动式团队可以作为起点（我们会在本章后面介绍），但是一个组织为满足不同目标可能会拥有多个平台团队和几个赋能团队（比如一个负责CI/CD建设，另一个负责基础设施或架构），确有必要时还可能有一两个复杂子系统团队。

> **注意**
>
> **运维团队在哪儿？支持团队在哪儿？**
>
> 四类基本团队拓扑中没有运维或支持团队，这是有意为之的。构建系统的长期团队同样负责这些系统的线上运维工作，所以无须“移交”给独立的运维或支持团队。即便是在第 4 章提到的 SRE 模式中，团队也是这样的。遵循优秀软件交付实践（比如持续交付和可运维性）的流动式团队，他们需要负责生产运维工作，即便是针对很小的代码变动。实际上，运维和支持工作同工作流密切相关。在本章中，我们也会看到成功的组织是如何管理支持活动来实现快速、安全的变更流程的。

下面让我们深入介绍这四类基本团队拓扑。

流动式团队

我们在这里所说的“流动”是指，匹配业务领域或组织能力的持续流动的工作任务。持续流动依赖于清晰的目标和职责，从而让多团队拥有各自工作流的同时，可以并行不悖。

流动式团队对应一条单一、有价值的工作流，这也许是一个产品、一项服务、一组功能特性、一个用户故事或者一组用户画像。更进一步地，团队有能力做到快速、安全和独立地构建和交付用户价值，而不需要移交给其他团队来完成部分工作。

流动式团队是组织中最主要的团队类型，其他基本团队拓扑的目标都是为了减轻流动式团队的负担。我们在本章后面会提到，比如赋能团队补齐了流动式团队所需的能力短板，负责预研和试验并建立成功实践。而平台团队则是为了降低流动式团队的认知负荷，他们屏蔽了底层细节（比如初始化环境、监控和部署等），提供了简单、易用的服务。

由于流动式团队全权负责交付工作，因此他们要尽可能地贴近用户，通过生产监控做到快速的用户反馈。这样的团队能够近乎实时地响应系统故障，采取必要的工作。如Don Reinertsen所说："对产品研发来说，那些高素质工程师组成的小团队相比大团队能更快地响应变化。"

在同一个组织中同时存在多种业务流[1]，比如特定用户流、业务领域流、地理空间流、产品工作流、用户画像流，甚至合规性流（特别是在高度合规行业内）。（我们将在第6章介绍如何在多种流并存的环境下组织工作。）大型企业的一个业务流甚至可以扮演一个微型企业的角色，具备独立的业务目标（比如开发尚未面世的新产品）。无论流动式团队负责哪种类型的业务流，团队都应该保持长期稳定，而不是在完成某个项目后就立即解散。

现代软件开发组织中的大多数团队都应该是流动式团队，这将使得工作流清晰、待办事项明确，同时易于安排优先级。

与之相反的是按项目组织开发工作。一个项目来自某个客户的某方面需求，或者来自若干个客户的若干个小需求。在项目被批准后，若干个职能团队（比如前端、后端、DBA等团队）一起协作来实现它，工作被分解并填充到每个团队的待办任务列表中。

案例学习：亚马逊强制独立运行的服务团队

早在2002年，亚马逊采用的团队拓扑就严格要求团队独立。CEO Jeff Bezos明确要求亚马逊的每个服务或应用都必须是独立的。根据康威定律，每个团队也必须相互独立。为了限制软件团

1 此处的业务流是指企业向用户交付有用价值的过程，价值流源于生产制造业的精益思想，用户可以定义何为价值，可以是一个业务领域、一个新特性或者一次技术升级等。——译者注

队的规模，亚马逊提出了著名的“两张比萨”原则，也就是说每个团队都应该能被两张比萨饼喂饱，由此来增进团队责任心，最大化交付和探索速度。

在 2002 年，Jeff Bezos 要求亚马逊的工程部门按如下规则组织团队。

- 每个团队完全负责一项服务的开发和运维（这里的服务是指 Amazon.com 或 AWS 产品上用户可见的一个或多个特性）。
- 每个服务都是通过 API 向公司内外提供的。在使用这样的服务时，无须了解服务的内部架构或技术实现方法。

为了达到亚马逊CTO Werner Vogels提出的“谁开发，谁运维”的原则。负责服务的开发与运营团队（内部称为“服务团队”）必须是全功能的，可以管理、定义、设计、开发、测试和运维它所负责的服务，甚至包括资源准备和客户支持。团队的全功能并不意味着所有成员都具备全栈能力，通常每个成员有其精通的领域，当然他的工作并不会仅限于此领域。

服务团队之间只有很少的协作，这带来了高度分布式和异构的微服务技术栈。不过有趣的是，测试方面不是这样的，因为整个组织中的测试开发工程师（Software Development Engineer in Testing，SDET）会在一起工作，希望跨团队推广工具和最佳实践（但每个团队有自己的日常测试人员）。他们还要确保不同服务、不同访问设备、不同地区具有相同的用户体验。测试开发工程师把工程效能团队和工具团队的成果带到了各个开发团队，支持和促进最佳实践的实施。

亚马逊的两张比萨团队模式是典型的流动式团队模式：团队做到独立

自主，对其开发和运营的服务的成功完全负责。亚马逊的这种模式已经成功运行了17年，证明了一个团队全权负责一个业务的方式行之有效。

流动式团队的必要能力

一般来说，每个流动式团队需要具备从需求到上线所有工作的相关能力，这包括（但不限于）：

- 应用的安全性
- 商业和技术的可行性分析
- 设计和架构
- 开发和编码
- 基础设施和可运维性
- 度量和监控
- 产品管理
- 测试和质量保证
- 用户体验

很重要的是，不要试图在团队中为每个角色配备一名专职人员，否则团队中至少要有九名成员才能完全覆盖这些能力。相反，我们只需要让团队具备这样的能力即可，比如由若干全栈人员和专家组成混合团队。如果团队中只有专家，则很容易遇到瓶颈。如果某位专家正忙于手头工作，那么所有依赖他的事情都无法进行。

注意

谷歌等公司中的SRE团队专门负责大规模应用的线上运行稳定性，他们是一种特殊的流动式团队，对一件特定的事情负责。SRE团队主要与一个或多个负责应用开发的流动式团队紧密合作，协作顺畅。

为什么是流动式团队，而不是产品或特性团队

过去很多软件交付框架采用“产品团队”或“特性团队”指代负责端到端的软件交付价值增量的团队。现如今很多理由表明流动相比产品或特性来说更加贴切。将团队的职责定义为流动，有助于强化组织级对流动性的关注度，从而确保流动的顺畅无阻。

随着物联网的出现、嵌入式设备的广泛使用、全面的服务管理，端到端的用户体验方式正在发生改变。用户不再仅能通过特定设备，而是能通过从手机到嵌入式设备到声控装置等一系列运行着不同软件的产品和设备与软件交互。消费者也可以通过多种途径（人际交往、社交软件、网站、手机等）接触到产品，并期待一致的体验。Jeff Sussna在*Designing Delivery*一书中提到，团队应该具有持续设计能力，“把服务、反馈、失败、学习等方面的创新视为头等大事”。而强调流动且面向流动的变更过程是最佳方案。

在这种多渠道、高度关联的背景下，“产品”可能具有多重含义，这使得人们很难理解“产品团队”的职责是什么。例如，在制造企业中，产品可能是一个由工程团队制造数年的有使用寿命的物理设备，而工程团队可能会随着产品被取代而解散。

“流动”这个词比“产品”或“特性”有更广泛的含义。此外，“流动”还包含并有助于强调流动感（因为流是流动的）。最后，并非所有的软件都有产品和特性这样的概念（特别是那些提供公共服务的软件系统），但总是可以从流动的角度考虑问题。

预期的行为

如前面所介绍的，流动式团队这种模式可以保证端到端流动的顺畅运行，常常同一个业务领域相关，但也不绝对。

一个高效能的流动式团队应该有哪些行为和产出呢？

- 流动式团队旨在为特性交付建立一条稳定的工作流。
- 流动式团队能够根据最新变更的反馈不断调整方向。
- 流动式团队采用试验性手段带来变革，并从中不断学习和调整。
- 流动式团队几乎不存在同其他团队的工作移交。
- 可以用可持续的变更流程来评价流动式团队（兼顾一些技术支持和团队健康度指标。）
- 流动式团队必须腾出时间来提升代码质量（有时候也说成处理技术债），从而确保代码易于变更和维护。
- 流动式团队应该主动并定期接触支持型基本拓扑团队（复杂子系统团队、赋能团队、平台团队）。
- 流动式团队的成员感觉他们已经具备或者正在逐步具备 Daniel Pink 所说的“自治、精通、目标”这三种知识型工作者的核心能力。

（我们将在第8章详细讲解流动式团队与平台的关系。）

赋能团队

在*Accelerate*一书中，Forsgren、Humble和Kim告诉我们，高效能团队通过不断提高能力而保持领先。但是负责端到端的流动式团队总是工作在交付压力之下，需要快速交付和响应变化，哪有时间去调研、探索、学习和实践新技能呢？赋能团队由特定技术领域或产品领域的专家组成，可以由他们来提供帮助。赋能团队进行调研工作，尝试不同方案，并在工具、实践、框架、技术栈等方面给出高质量的建议。这使得流动式团队不必付出太多努力就能获得能力提升（根据我们的经验，这样的努力及其影响对团队其他成员来说往往会被低估10~15倍）。

赋能团队需要较强的沟通协作能力，他们需要识别流动式团队遇到的问题和不足之处，并相应地提供有效的指导。Jutta Eckstein称呼他们为

“技术咨询团队”，因为不论他们来自组织内部还是组织外部，他们提供的是指导而不是去具体执行。

赋能团队应该尽可能地不让自己变成知识的“象牙塔”，干涉其他团队的技术选择，而是要帮助团队理解并遵循组织级的技术约束。这也被称为“服务式领导力”，但其适用于团队交互而不是个人交互。赋能团队的使命是通过提升流动式团队的能力来提高其自主性，所以需要聚焦于解决流动式团队遇到的问题，而非推广自己手中的解决方案。如果赋能团队做得不错，那么他们帮助的团队应该能在几周或者几个月内独立运转，而非永远依赖于自己。

小贴士

使用 Robert Greenleaf 的启发法可以指引赋能团队的工作和驱动力：“赋能团队帮助的团队是否获得了成长？是否变得更健康、更聪明、更自由、更自主？”

一个赋能团队应该具备所有第4章提到的流动式团队所需的能力（用户体验、架构、测试等），但他们往往更专注于某个特定领域，比如构建工程、持续交付、部署或者特定客户端技术（桌面、移动端、网页端）的自动化测试。例如，赋能团队可能会搭建部署流水线模板或者一个基础的测试框架，包括自动化工具、初始化场景和案例等。

赋能团队向流动式团队的知识赋能可以是短期的（比如，当流动式团队要采用像容器化这样的新技术的时候），也可以是长期的（比如，构建加速、自动化测试加速等长期改进）。一些类型的实践可以考虑通过结对的形式来完成，比如定义基础设施即代码。

预期的行为

如前面讨论的，赋能团队通常会围绕一个特定技术领域或者产品管理领域来帮助流动式团队获得所需的能力。

一个高效能的赋能团队应该有哪些行为和产出呢?

- 赋能团队要主动了解流动式团队的需求，在深入协作时建立定期检查点和联合沟通机制。
- 赋能团队要在他们的专业领域保持浪潮之巅，在流动式团队提出实际需求之前，持续跟进新方法、工具和实践。在过去，这常常被视为架构师或者创新团队的使命，但如果能通过赋能其他团队来达成这个目标就更好了。
- 赋能团队既要传播好消息（比如，“这里有一个新的 UI 自动化测试框架，可以将我们的测试脚本代码减少 50%”），也不能遮掩坏消息（比如，“当前我们广泛使用的 JavaScript 框架已经不再被维护了”）。这样才能在合适的时候引入特定技术，并在合适的时候舍弃它们。
- 有些时候，当流动式团队难以直接使用某些服务时，赋能团队应该充当内外部的服务代理。
- 赋能团队不仅要促进自身团队内的学习，也要在流动式团队之间扮演组织内促进共享必要知识的角色（这也是 Tom DeMarco 和 Tim Lister 提到的“关键学习能力”）。

案例学习：某大型法律组织内的工程赋能团队

波士顿咨询集团数字风险投资公司（BCG Digital Ventures）工程主管 Robin Weston

在 2017 年，我向一个大型法律组织内新成立的工程赋能团队提供了为期一年的咨询服务。

这个工程赋能团队的使命是解决组织内存在的一系列痛点，比如漫长的特性交付等待时间、多个系统间相互耦合的发布周期、低落的团队士气、竖井式的技术知识，这些令组织无法跟上创新的步伐，导致组织失去竞争优势。

赋能团队由精通软件工程的专家组成，熟悉应用开发、构建、发布、测试等各个方面。至关重要的是，他们不仅带来了新技术和新工具，而且致力于分享最佳实践和培训团队。如果开发团队在文化和技能方面还没有做好准备，那么急于引入新的构建和部署工具会适得其反。我们发布了“团队宪章”，向整个组织阐述我们的理念和承诺。

> 我们的终极使命是让各开发团队更快、更高质量地交付特性。我们首先用八个星期的时间改善了如下指标。

- 每次成功部署所需的时间。
- 每天成功部署的次数。
- 部署失败后的恢复时间。
- 代码从提交到部署所需的时间。

你无法通过简单地要求各团队必须达到上述指标来解决问题，而是需要得到各个一线团队的理解和支持。赋能团队由若干外部顾问和从各团队抽调来的开发人员组成。为了启动团队和完成使命，我们组织了一次公司级的讨论会，邀请全球各个开发团队的代表参加。

我坚持认为，工程赋能团队从工作的第一天起就要为离开做准备，以免他们所服务的团队依赖于他们。我们公开了所做的全部工作，以便让所有开发团队可以学习和具备自行操作的能力。为此，我们演示了编程过程、录制了样例、邀请了其他团队参加我们的演示。据估计，我们的团队只有1/4的时间花在了实现解决方案上，而把其他的时间都用来分享知识。

在八个星期后，我们看到了关键指标的变化。

- 部署前置时间（Lead Time）缩短了72%。

- 部署流水线每天运行次数增加了700%。
- 部署流水线运行时间缩短了98%（从十几个小时到15分钟！）。
- 构建失败后的恢复时间平均为23个小时（而在过去，几乎没有实现过成功构建！）。

尽管绝对数字本身还不是那么惊艳，但真实的进展带给我们巨大的鼓舞和信心，让我们获得了组织内的信任，可以带领大家做出更多的改变，逐步解决掉所有的痛点。

赋能团队最重要的目标是帮助流动式团队以可持续的、可靠的方式交付可工作的软件。赋能团队并不会致力于修复由于糟糕的工作方式、糟糕的优先级管理或者流动式团队内糟糕的代码质量所带来的具体问题。流动式团队应该意识到，赋能团队只会在有限的时间（几周或几个月）内提供支持，帮助自己提升应对新技术、概念或方法的能力。在流动式团队掌握和应用了这些新技能后，赋能团队就会停止与流动式团队的紧密交流，转而去服务其他团队。

赋能团队与实践社区的对比

赋能团队和实践社区（Communities of Practice，CoP）都能提升其他团队的认知和能力。他们的区别在于，赋能团队成员每天的工作就是赋能，而实践社区是由来自各个团队的对某一方面感兴趣的人员组成的松散组织，每一周甚至每个月才会搞一次活动，分享实践并改进工作方法。在*Building Successful Communities of Practice*一书中，Emily Webber指出，“实践社区提供了良好的环境，包括社会化学习、体验式学习、全面的课程，让每个成员都能够更快地学习。”

赋能团队和实践社区可以同时存在，因为他们的目标和形态稍有不同：赋能团队是由若干专家组成的长期存在的小组，在任意给定时间仅致力于提升某个（或某几个）团队的认知和能力；而实践社区通常追求更广泛的影响力，同时向更多的团队传递知识。当然，几个赋能团队在一起可以成立他们自己的“赋能团队实践社区”。

复杂子系统团队

复杂子系统团队负责构建和维护系统中严重依赖专业领域知识的子系统。相应地，大多数团队成员都必须是这个领域的专家，这样才能理解和变更子系统。

设立该团队的目标是降低包含或使用复杂子系统的系统中各个流动式团队的认知负荷。处理复杂和专业的工作需要具备特定能力的专家，他们通常很难培养或者寻找。我们没法在每个使用复杂子系统的流动式团队中都配备相应的专家，这很难实现，因为成本太高，并且与流动式团队的目标也不匹配。

下面是一些复杂子系统的例子：视频编码和解码、某种数学模型、实时交易冲突解决算法、财务服务的业务报告系统、人脸识别引擎等。

复杂子系统团队与传统的组件团队（当一个子系统已经或期望被多个团队复用时创建）的关键区别在于，只有当某个子系统依赖于大量特定领域知识的时候才会建立复杂子系统团队，这完全是由团队的认知负荷驱动的，而并非出于组件共享的目的。

因此，相比传统结构中的组件团队的数量，我们认为按照团队拓扑设计的组织里只会存在很少的复杂子系统团队。（本章稍后将介绍如何将传统组件团队转变为团队拓扑中支持流动式团队的其他三种基本团队拓扑类型团队。）

预期的行为

正如我们所看到的，复杂子系统团队的任务是把需要特定领域专业人员专业能力的开发工作从流动式团队的职责中剥离出来。

一个高效能的复杂子系统团队应该有哪些行为和产出呢？

- 复杂子系统团队根据子系统当前的开发阶段来安排相应的工作：在早期的设计和开发阶段，与流动式团队密切协作；在子系统趋于稳定的后期阶段，减少交互并重点关注子系统接口、特性的演化和使用。
- 有复杂子系统团队协助时，该子系统的交付速度和质量都要明显高于仅由流动式团队负责时的情况（在决定拆分前）。
- 复杂子系统团队需要根据使用这些复杂子系统的流动式团队的需求来合理地安排优先级并完成交付。

平台团队

平台团队的目标是使流动式团队能够以高度自治的方式交付工作。流动式团队在生产环境中拥有构建、运维、修复应用的所有权限。平台团队提供的内部服务使得流动式团队无须开发底层服务，降低了认知负荷。

这里所说的“平台”符合Evan Bottcher关于数字平台的定义。

> 数字平台作为公司内部的基础产品，向开发团队提供自服务的API、工具、服务、知识和支持。借助这个平台，开发团队获得了自主性，可以更快地交付产品特性，减少开发过程中的各种协调、沟通。

许多互联网时代的组织都成功地采用了这种方法。流动式团队可以方便地使用平台团队提供的自服务的网站门户和/或编程API（而非厚厚的使用手册）。“方便使用”是采纳平台的基本要求，并且平台团队必须将他们所提供的服务视为一种产品，无论这些服务是被内部还是外部用户所使用，都要具有可信赖的、易用的、量身定做的特征。为此Jutta Eckstein提出了一个建议：“技术服务团队应该把自己当成纯粹的面向领域团队的服务提供者。”

Prezi（一种演示文稿软件）的前平台工程师Peter Neumark强调了平台团队及其支持的流动式团队目标一致的必要性，“衡量平台团队的价值，要看他们提供给产品团队服务的价值。”

实际上，平台团队应该聚焦于提供少量、高质量的服务，而不是提供大量存在可用性和质量缺陷的服务。当然，对于投入的努力与质量产出总是需要权衡的。作为商业产品，平台可以提供不同级别的服务。如果所有流动式团队都要求高等级服务（意味着零停服务时间、自动扩容/缩容、自动修复），那么平台团队则难以支持。

小贴士

Don Reinertsen建议为这些内部基础设施和服务定价，向使用它们的团队收费，以避免人人都要求高等级服务。例如，可以按团队或服务统计云上基础设施的成本费用。

平台的边界可大可小。一个重量级平台可能包括提供众多服务的若干个内部平台团队，而一个轻量级平台可能只是第三方提供的方案的简单封装（本章稍后将介绍什么样的平台算是一个好平台）。

下层平台的例子可覆盖从新服务实例的初始化到提供访问管理和安全加固的工具。流动式团队可以采用这些模式，而无须担心缺少获得这些模式的技能和付出。

> **注意**
>
> 通用平台在技术栈底层对基础设施、网络及其他整合能力进行了抽象，这相当于迈出了成功的第一步，不仅如此，平台还适用于上层抽象，本章稍后将对其进行详细介绍。

预期的行为

正如我们看到的，平台团队的使命是为流动式团队提供底层内部服务，方便流动式团队交付高级服务或功能，从而降低流动式团队的认知负荷。

一个高效能的平台团队应该有哪些行为和产出呢？

- 平台团队与流动式团队密切协作，理解流动式团队的需求。
- 平台团队依赖于快速原型技术，尽早引入流动式团队成员以获得快速反馈，哪些有效而哪些无效。
- 平台团队需要重点关注服务的可用性和可靠性，并将平台视为一种产品，需要定期回访用户以确认服务的可用性，以及服务是否依然满足用户需求。
- 平台团队自己也应该是他们所提供服务的用户（如果适用的话），同流动式团队和赋能团队并肩战斗，可能的话，也应该依托于其他平台团队负责的下层平台。
- 平台团队应明白其提供的新的内部服务（如新技术）将像创新曲线那样被各个流动式团队逐步引入，而不是一蹴而就的。

案例学习：Sky Betting & Gaming 公司平台特性团队（第 1 部分）

Sky Betting & Gaming 公司首席架构师 Michael Maibaum

Sky Betting & Gaming 是英国的一家博彩公司，成立于 1999 年，是 The Stars Group 的下属企业，它在谢菲尔德、伦敦、根西岛、罗马和德国都设有分支机构，它一直是在线博彩和游戏行业创新方面的主导者。大约从 2009 年起，公司不断招募技术专家，期望推动快速创新、有效交付和全天候运营。

从我 2012 年加入 Sky Betting & Gaming（SB&G）以来，它一直是一个可以快速、持续交付变更的企业。从一开始，SB&G 的技术部门主要进行基础设施建设，而由第三方在其上进行应用开发。2009 年，在产出相对缓慢的情况持续了一段时间后，企业决定要能够更快地行动、拥有更多的控制权。

我们内部的软件交付一直采用敏捷方法，随着公司规模的增长，经过一系列组织调整，我们从少数几个 Scrum 团队成长为部落—子部落—小队的组织结构。在这一过程的早期，我们在工作中引入了 DevOps。我们确定了改进目标，比如改进构建和发布工具，并通过选定的“种子”团队试点。之所以这样做，是因为尽管我们在软件开发环节成功地实施了“敏捷”，但是没法做到快速和可靠地交付上线。随后，我们把 DevOps 实践推广到每个小队中，最终组织结构演化为专门负责可靠性的团队和包括运维工程师的交付团队。

在这样高速成长的过程中，我们需要解决环境配置管理的问题、让我们的服务更可靠并提供让灾难恢复（Disaster Recovery，DR）环境与生产环境保持一致的工具。根据引入 DevOps 过程中的实际经验，我们创建了平台演进团队，团队成员具备软件开发或基础设施建设背景。平台演进团队的第一要务是使用著名的

Chef工具来搭建环境配置管理系统，用Chef管理环境中的所有东西，处理现有系统的积压工作，并试着支持新的和变更后的服务。

很快我们遇到了问题。最初我们为了跟上快速变化和扩张的时期，基于Chef创建了一个集中管理公司生产环境以便进行灾难恢复的解决方案。接着我们意识到，这么做会带来很多约束和困难。我们创建了一个很大的Chef环境，以及很多围绕它的重要工具，供很多人使用。不同的团队开始相互干扰：公共依赖带来问题、难以确定优先级、升级困难等，所有多团队共建高耦合系统时会遇到的典型问题都出现了。

（第8章会继续介绍。）

将其他基本类型团队组成平台

在大型组织中，可能需要若干个团队一起构建和运行平台（当然在某些情况下，每个不同的团队都有自己的平台）。在这些情况下，平台由其他基本类型团队组成：流动式团队、赋能团队、复杂子系统团队、平台团队。没错，平台可能建立在另一个平台之上（本章稍后会进行详述）。然而，平台团队的工作流与构建主要产品或服务的团队的工作流是不同的。对于平台来说，工作流与平台内的服务和产品相关，比如日志、监控服务、用于创建测试环境API、用于查询资源使用情况的工具等。从平台产品负责人的视角来看，平台有清晰的内部价值流，流动式团队帮助他们为平台的用户提供价值，而用户就是使用该平台的开发团队（本章稍后会进行详述）。相关内部拓扑见图5.2。

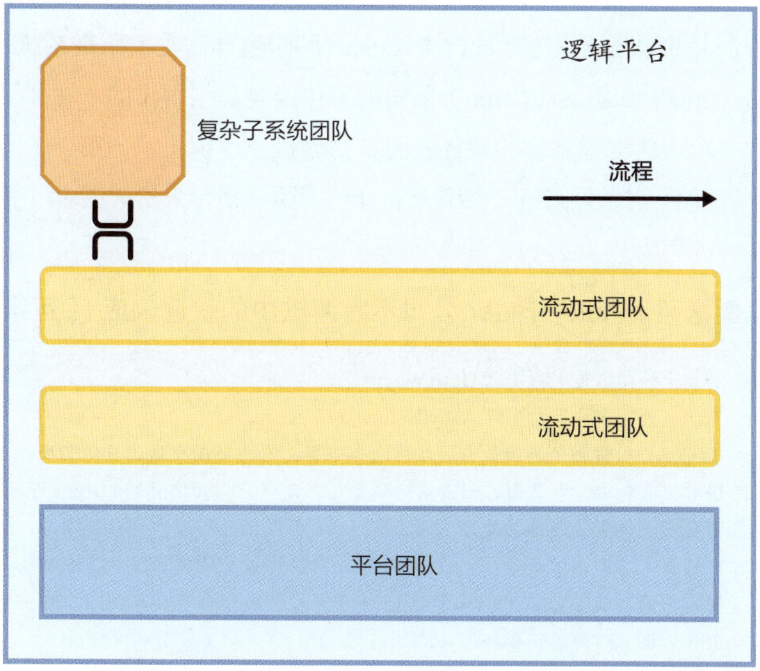

图5.2　平台由若干基本类型团队组成

在大型组织中，平台由若干基本类型团队组成：流动式开发团队、复杂子系统团队、下层平台团队。

的确，这样会给平台带来嵌套或者“分形”团队，我们称之为内部拓扑。正如James Womak和Daniel Jones曾说过的，“产品线经理是这样管理整个产品的：其手下的若干名价值流经理分别负责价值流的不同路径。”我们简单地为平台边界内的不同基本团队拓扑应用了建议和指导。

从开发团队的视角来说，平台是一个整体，通过API等方式向自己提供服务：机器或容器资源、网络配置等。然而，在平台团队内部，则有若干个不同的团队（负责网络、环境、度量等），他们相互协作、相互提供和使用服务。

这样的“嵌套”方法与“分层运维”方法有相似之处，“分层运维”方法是资深技术专家James Urquhart根据他自己在太阳微系统（Sun Microsystems）和思科（Cisco）公司的工作经验总结得出的。在分层的方法中，一个团队提供基本的硬件资源（物理机或虚拟机），第二个团队负责其上运行的支持性服务。（第8章将介绍多团队平台方法的更多内容。）

案例学习：Auto Trader 公司不断演进中的快速响应 IT 运维

Auto Trader 公司运维工程主管 Dave Whyte

Auto Trader 公司客户运营主管 Andy Humphrey

Auto Trader 公司提供了英国最大的在线汽车市场。它为英国交通工具的购买和销售过程中的消费者、零售商、制造商们提供了不断优化的用户体验。Auto Trader 当前完全线上运营。追溯历史，它最初是 1977 年成立的一家本地分类杂志，随着客户的需求不断成长和演进，在 2013 年，它最终成功地完成了从出版机构到数字化市场的转变。Auto Trader 于 2015 年 3 月在伦敦证券交易所上市，当前被富时 250 指数（FTSE 250 Index）收录。

从出版机构到数字化市场，Auto Trader 经历了巨大的转变。早在 2013 年的时候，公司各部门存在竖井，没有联合起来：业务部门在伦敦，而 IT 部门在曼彻斯特，相距近 200 英里。IT 研发工作是项目制的，且通常被外包，没有固定的员工，整个组织的汇报线缺乏信任，存在明显问题。开发人员会在项目上线当天离开，这破坏了持续维护和关心软件系统的责任感。

更糟糕的是，在 2013 年以前，软件开发项目的费用计入资本支出（CapEx），而 IT 运维工作的费用计入运营支出（OpEx），这使得开发团队和运维团队被人为地割裂了。根据要求，软件开发团队 90% 的精力必须放在资本支出上，于是他们别无选择，必须不断开发新东西，而没有精力修复问题和改进用户体验。开发团队不是为用户服务的，而是为产品管理层服务的。这种情况必须改变。

因此，从2013年起，我们把所有人员都纳入运营支出。所有人的工作目标都变成为公司赢利而奋斗。在这种模式下，大家比以前更贴近用户，考虑用户的诉求，而不再是仅为产品管理层工作。事实上，全部计入运营支出这种模式，让我们有了明确的预算约束：我们有大约800名固定员工，没有计划扩大规模。稳定的人员数使我们持续地关注我们的软件应用和服务。

在Auto Trader实现100%数字化的过程中，我们的组织结构也转变为长期存在的包括各项职能的部落，负责端到端的用户旅程。这样的组织结构参考了Spotify公司的做法，并结合了我们的实际。我们也创建了一个特殊的持续交付（Continuous-Delivery，CD）团队，帮助其他团队引入持续交付实践，比如自动部署流水线、测试自动化、监控、自动化环境管理等。在三个月内，我们实现了第一个应用的全自动部署，随后开始下一个应用。随着持续交付团队这个赋能团队越来越熟悉情况，我们改称它为基础设施工程团队，承担平台开发任务。

快进到2018年，基础设施工程部门的职责已扩展为构建和演进一个平台，解决开发团队的痛点，允许其完全负责产品和服务，也包括运维产品。基础设施工程部门由几个不同的小队组成，一些小队负责平台新特性产品的开发，使用标准敏捷软件开发技术，比如TDD（测试驱动开发）、回顾会、产品负责人等，另一些小队负责日常运营工作。我们没有所谓的DevOps工程师，而是依靠经验丰富的运维工程师来深入分析线上服务的问题。也就是说，作为基础设施工程团队，我们聚焦于开发团队的工作流，以及应用和基础设施的改变如何影响用户。

这样的平台使得开发团队不仅关注可见的产品特性，也关注不可见的可运维性，后者对于 Auto Trader 这样的提供现代数字化服务的组织至关重要。平台让开发团队有时间考虑可运维性。有趣的是，不像其他组织的做法，我们并没有把运维人员嵌入各个开发团队中，而是为每个开发团队都提供一名来自运维团队的人员，定期与特定开发团队一起工作，参加团队站会，并把开发工作和运维工作连接在一起，让整个流程顺畅运转。

从 2013 年起，Auto Trader 内不再有 IT 部门的概念，产品和技术人员都在同一个部门中，像一个大团队。我们采用了精益思想的方法进行流程设计，并将流动引入组织的其他领域，因此我们现在的财务和销售部门都在使用有 WIP（Work-In-Progress，在制品）限制的看板。销售部门甚至对错失的销售机会开始进行无指责的故障复盘！

避免变更流程中的团队竖井

一般来说，如果想快速、安全地交付软件，就应该避免只由单一职能的人员组成的团队。很多传统组织都创建了这样按人员专长分组的孤岛，也被称为竖井。

- 测试或质量保障（QA）
- 数据库管理（DBA）
- 用户体验（UX）
- 系统架构
- 数据处理（比如 ETL）

多年以来，很多组织都有专职的运维团队来管理线上或产品系统的方方面面。这个模式并不理想，它使得开发团队需要把成果交接给运维团队，阻碍了变更流程的顺畅运行，带来交付延迟的同时也影响了变更流程的安全和快速交付。于是我们把负责在生产环境中支持和运维软件的流动式团队和为流动式团队提供底层“基础”的平台团队合二为一。

为获得一个快捷、安全的变更流程而优化的组织，通常应该使用多角色跨职能团队，也就是流动式团队。有时候，某些特殊领域实在过于复杂，所以需要专门的复杂子系统团队（详见本章前面的描述）。但是这样的团队不应该出现在变更工作流中，而是应该为流动式团队提供服务。一个工作流中的不同阶段和任务应该由同一个团队负责，避免不同团队间的交接。

小贴士

跨职能团队倾向于使用简单、有效的方案。

使用跨职能的流动式团队这样的模式会带来一个额外的好处：因为流动式团队本身已经包括不同技能的人员，所以不必求助于外部，他们总是倾向于找到最简单的、对用户最友好的方案。特定领域的资深专家给出的方案往往比较复杂，而容易理解的方案能够让流动式团队的全体成员都用起来。

一个优秀的平台应该“够用就好”

一个设计优秀和运行优秀的平台，用Henrik Kniberg的话来说就是“用户驱动的平台团队”，其对于组织内的软件交付而言具有明显的促进作用。但值得注意的是，平台总是应该满足使用应用和服务的需要，而无须关注其他方面。

一个优秀的平台要提供标准、模板、API及经过验证的最佳实践，帮助开发团队快速创新和高效工作。一个优秀的平台能够简化开发团队的工作，按照正确的方式做正确的事情。这不仅针对软件开发，而且对任何类型的产品开发来说都是如此。然而现实中经常遇到的情况是，平台由之前的系统管理人员构建和运行，并且开发过程中也没有应用优秀的软件开发方法（敏捷实践、TDD、持续交付、产品管理等），或者平台开发在组织层面得不到资源投入和关注，以至于无法给其他团队带来帮助，甚至会伤害其他团队。

最小可用平台

最简单的平台可能仅仅是Wiki上的一个列表，描述了供外部软件消费的底层组件或服务信息。如果这些底层组件或服务总能可靠运行，那么就没必要组建一个全职的平台团队。然而，随着底层系统变得越来越复杂，甚至有些时候所有组件和服务都交给外包团队，一个平台团队要能够在平台细节之上提供一组有价值的抽象管理层，用于协调新的和已弃用的API和组件。如果组织希望构建定制化的解决方案并将其集成到平台上以满足开发团队的需求，那么平台团队负责的领域就会随之扩张。

为此，我们的目标是搭建一个*最小可用平台*（*Thinnest Viable Platform*，*TVP*），而不是让平台面面俱到。就像Allan Kelly所说的，“软件开发人员热衷于构建平台，如果没有强有力的产品把控，那么平台的能力就会远超真实需求。”最小可用平台是保持平台小而美，以及让平台帮助团队简化和加速软件交付。

降低认知负荷，加速产品开发

让我们回顾一下过去几十年里那些成功并且广为人知的软件技术平台：IBM 8086处理器、Linux和Windows操作系统、Borland Delphi、Java虚拟机、.Net框架、Pivotal Cloud Foundry、Microsoft Azure，以及最近的物联网平台balena.io和容器平台Kubernetes。这些平台普遍都是成功的，降低了底层系统的复杂度，并且给使用平台的团队提供了足够多有用的功能。如康威所说的，这让开发者的世界变简单。降低使用者的认知负荷（详见第3章）是一个优秀平台的关键评判标准之一。

通过降低开发团队的认知负荷，一个优秀的平台帮助开发团队聚焦于业务问题本身，可以加速个人和团队的开发速度，从而让整个团队更高效地工作。就像国际出版集团康泰纳仕（Conde Nast International）的Kenichi Shibata所说的，"平台最重要的就是面向开发者提供服务。"

充满吸引力、一致性、必要的约束

如果脱离团队需求来开发平台就陷入了一个典型的困境，为了避免这种情况的发生，需要确保平台团队关注用户体验（UX），尤其是开发者体验。也就是说，当平台规模扩张时，需要将用户体验能力注入平台团队。如Shibata所说："如果不这样做，开发人员经常会有挫败感……应该为平台开发人员提供一种反馈途径来了解平台究竟做得怎么样。如果不能做到这一点，平台就成了公司内部的孤岛，难以让团队真正用起来。"

良好的用户体验和开发者体验能够让平台充满吸引力，同时能够让平台的功能特性和API层面保持一致。用户操作手册及其他文档可以覆盖所有功能（无须过度冗长）且实时更新，聚焦达成特定任务目标的方法，而不是面面俱到地罗列平台所有细节。

平台应该帮助开发团队扫清障碍，确保团队能够在没有那么多条条框框的前提下开发自己所需的功能。新开发人员上手平台的容易程度是对开发者体验的很好的检验。

基于底层平台开发

所有软件应用和服务都是基于平台开发的，通常平台并不起眼或者并没有引起构建软件团队的足够重视，但即便如此平台依然存在。正如一句富有哲理的话所说的：It’s turtles all the way down（一切建筑皆有底座）。[1]

在软件领域，这个比喻意味着每个平台都是基于另一个平台构建的，即便它的底层平台是隐藏和不可见的。如果底层或下层平台无法稳定运行或者设计上有缺陷，那么上层平台也会变得不稳定，无法提供加速组织内其他软件交付所需的坚实基础。如果底层平台存在运行漏洞或者性能问题，那么平台团队就需要构建隔离抽象和给出临时解决方案，或者通知开发团队这类潜在问题来避免他们踩坑。Stafford Beer的经典著作*Brain of the Firm*中的多层可用系统模型（Viable-Systems Model，VSM）描述了这种情况。

第5章

小贴士

可以绘制一张全景图来描述你所在组织的平台层级关系。这将帮助各个内部平台团队及使用平台的开发团队理解这些平台能提供什么，以及彼此的依赖关系。

像线上产品或服务一样管理平台

平台需要明确定义服务可用时间，并周知用户（开发团队）。用户依赖平台的可用性，同时需要了解什么时候会上线新特性，而旧特性什么时候会下线。因此，为了帮助开发团队用户更高效地使用平台，我们需要做到：（1）把内部平台视为线上/生产系统，计划和管理维护时间；（2）引入软件产品管理和服务管理技术。

当我们把平台视为线上或生产系统的时候，就需要采取类似其他线上系统的各项活动和实践：定义服务在线时间、定义故障和支持响应时间、

1　来源于一个神话故事，认为世界是驮在一只巨大乌龟背上的平板。——译者注

安排支持平台的轮值表、使用适当的沟通渠道（比如通过服务状态网页）管理故障和宕机时间等。当然，随着平台的成长，应该不断反思团队究竟需要什么服务，以及平台能够提供什么服务，以此来应对平台团队不断增加的运营工作。Kenichi Shibata认为，“平台团队的主要用户应该是产品团队。”

那么，我们如何管理有确定目标用户群和运行时间的线上软件系统呢？答案是，引入软件产品管理。因此，应该由产品管理人员确定平台的发展规划，同时与开发团队进行沟通讨论，至少要考虑开发团队的需求。平台团队几乎肯定会制作用户画像，比如网页开发工程师Samir、测试工程师Jennifer、产品负责人Mani、服务体验工程师Java等。用户画像方法将帮助平台团队了解并聚焦典型用户的需求、痛点和目标。平台团队的成员应该与开发团队用户定期沟通，了解他们的需求。

关键在于平台这个“产品”的演进，不应该只是简单地接收并实现开发团队提出的需求，而是应该精心打磨以满足他们的长期需求。通过指标来跟踪特性的使用情况，用于评估开发优先级。平台不仅是开发团队在过去某个时间点提出的一组特性的集合，而应该进行整体的、精心的、一致的设计，并且考虑技术发展变化的趋势，以及组织不断变化的需求。一个好的平台也应该能减少安全和审计团队对开发团队的打扰，直接提供相应的数据和信息。

将常见的团队类型转换为基本团队拓扑

清晰定义各团队的职责和使命将使整个组织受益。事实上，我们认为，把团队转化为四类基本团队拓扑之一将使组织运作得更高效。具体来说，分析每个团队与四类基本团队拓扑中的哪一类最为接近，然后对该团队的职责、目标和行为方式进行调整，来适配对应的团队拓扑。

将大多数团队转化成长期稳定又灵活多变的流动式团队

在面向流动优化的组织中，大多数团队应该是长期存在、多职能的流动式团队。这些团队全面负责精确切分的功能模块或者特定用户的产出，同业务团队和其他交付团队构建长期、紧密的合作关系。流动式团队应该从赋能团队、平台团队和复杂子系统团队获得支持和帮助，使自己的能力与认知负荷相匹配。

将基础设施团队转化为平台团队

以往很多基础设施团队既负责线上/生产环境基础设施的建设，又需要完成部署在其上的各种应用变更类型，如图5.3所示。

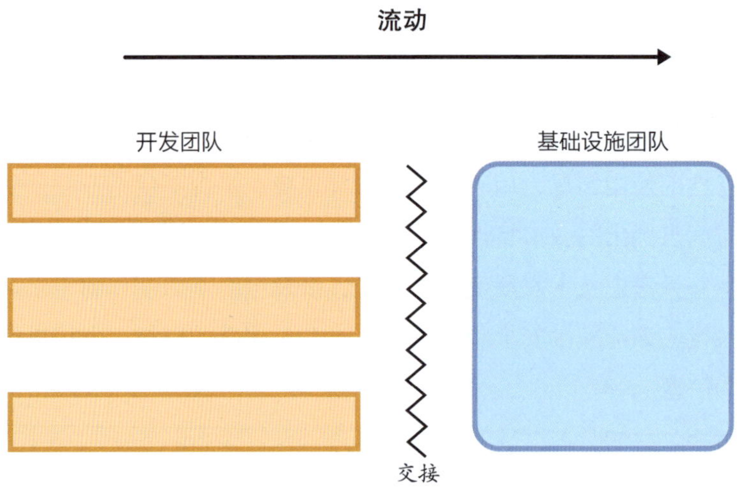

图5.3　传统的基础设施团队组织

很多传统的基础设施团队（图中右侧）负责生产环境基础设施的所有变更，包括应用程序的变更，从而阻碍了价值流动，这些变更通常由ITIL变更流程进行控制。开发团队（图中左侧）的工作成果必须交接给基础设施或运维团队进行部署，从而无法让流程高效运转。

将基础设施团队转化为平台团队后，不仅平台本身的变更流程变得更快、更安全，更重要的是使用平台的流动式团队也变得更高效。

从基础设施团队到平台团队的转化并不轻松，因为基础设施团队中的成员可能并不那么熟悉平台开发所需的软件开发技术。但从本章中给出的案例可以看到，这的确是一种有效的方法。

将组件团队转化为平台或其他团队类型

现有的技术组件团队应该要么被打散，将这部分工作交接给流动式团队，要么转化成其他团队类型：如果该组件属于下层平台组件，那么就可以成为平台的一部分；如果流动式团队可以非常简单地使用该组件，那么就应该向赋能团队发展；如果这个子系统对流动式团队来说必不可少又过于复杂，那么就可以转化成复杂子系统团队。不管从哪个角度来看，团队都应该采纳与之匹配的团队行为和交互模式。

小贴士

在可以快速、安全地交付软件的组织里，绝大多数开发团队都是流动式团队，只有1/10到1/7的团队属于其他类型。根据这些成功组织提供的报告，流动式团队与其他团队的比例大约是6∶1到9∶1。

举个例子，如果DBA团队不需要再为每个应用软件做具体工作，而是把主要精力用于向流动式团队传授数据库性能、监控等方面的技能，那么他们一般可以转化为赋能团队。一些组织成功地把DBA团队转化为平台的一部分，负责数据库性能、配置、可用性等专业服务，而且DBA团队不再负责模式变更或应用级别的数据库工作。

类似地，如果中间件团队使系统的一些部分对流动式团队来说更易用，通过定制化、简化、封装将中间件包装为更易使用的自助服务，以此来降低开发人员的认知负荷，从而实现关键组织目标，那么他们也可以转化为平台团队。

将工具团队转化为赋能团队或平台的一部分

如果一个工具团队最初没有清晰的定位或时间限制，那么时间长了很容易成为一个竖井式的工具维护团队。除了过分依赖工具链本身，团队成员的技能也会逐渐过时，他们的精力大多浪费在一些细枝末节的改进上，而这些改进并非来自真实的需求。

一般来说，工具团队应该转化成赋能团队或者平台的一部分。如果是前者，意味着他们应该在一定的时期内专注于服务特定团队；如果是后者，意味着他们应该有清晰、明确的演进路线图。

转化为支持团队

在传统方式下，很多组织都让一个单一的跨服务团队支持线上/生产环境的应用和服务。在变更速度不那么快和系统复杂度不那么高的时候，这种模式能在支持团队的人数或者技能方面帮助组织降低成本。

然而，随着软件系统持续不断地快速变更，那些成功的组织就会开始重新思考支持团队的组织方式和定位，以便让端到端的变更流程更快、更安全。IT支持模型之所以长期有效，主要原因有两方面：（1）支持团队的设置要有利于变更流程，（2）组建跨团队的应急小组来处理线上服务故障。

在这种模式下，专职的支持团队需要介入变更流程，同构建软件系统的团队或小队紧密协作。他们专注于支撑同类型变更流程下的不同团队或部落。这样一来，团队所能提供的支持会趋向于面向整个服务的用户体验感知度的提升，增强端到端的综合业务流转监控，特别是在IT和软件服务只占很小比例的场景下。事实上，一些组织把这类支持团队改名为“服务体验团队”，这也反映了团队的工作职责是保障终端用户体验，而不只是

IT系统，如图5.4所示。

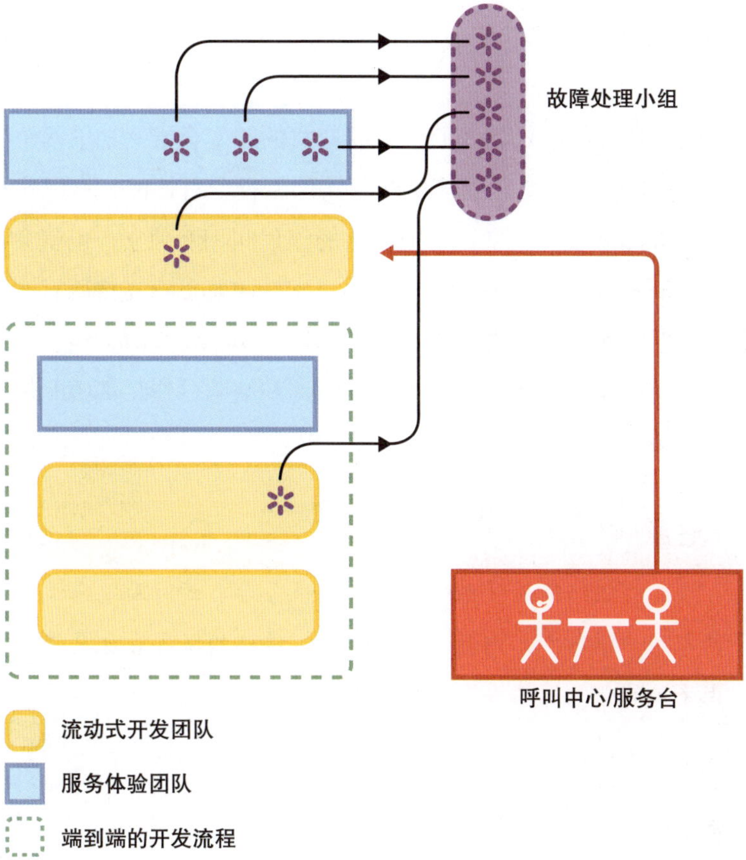

图5.4　支持团队的设置要有利于变更流程

支持团队的新模式：支持团队的设置要有利于变更流程，经常与一个或多个流动式开发团队密切协作。动态组建跨团队小组来处理故障。

当线上生产系统发生故障时，支持团队会首先尝试在业务域内修复问题，如果问题仅影响这个业务，那么就没必要引入其他团队。在必要的情况下，其他流动式支持团队也会被引入进来以协助诊断问题。如果故障波及了许多团队，那么就会成立一个由各支持团队的专家组成的应急小组，以尽快分类问题和恢复服务。如服务管理专家Jon Hall所介绍的，这将带来额外的好处，“没有经验的一线支持人员在与专家一同工作的过程中，可以学到相关知识，提升能力，而不是在正式担任相关职务之后再去学习。”

支持团队从传统模式到我们推荐的模式的转变会带来如下两个重要的作用。（1）由于支持团队的设置是以优化流程为目标的，所以这有助于通过创建强大的激励机制来让不同团队的流程间相互独立，也就会让各个组件在运行时相互独立。如果不这样做，支持团队负责支持所有产品的运维，那么根据康威定律，就容易在生产环境中形成大型单体系统。（2）这也有助于支持团队把发现的软件系统的问题和缺陷尽快反馈给开发团队，这样提升了知识分享和解决问题的速度。

注意

有些组织仍须设立呼叫中心或服务台，面对面或通过电话与用户进行人工沟通。在概念上，这样的服务台也是将线上系统的信息反馈给流动式团队的途径。

转化为架构和架构师

对于架构师团队来说，最有效的模式是作为一个兼职赋能团队存在（如果需要的话）。兼职是很重要的，这意味着很多决定应该由实施团队而非由架构师团队做出。一些组织从各个团队抽调成员设立虚拟团队，这个虚拟团队定期讨论系统架构的演进。这类似于第4章提到的Spotify公司的协会。

至关重要的是，在现代高效软件开发中，架构师团队应该为其他团队提供支持，帮助他们变得更高效，而不是替他们做设计和技术上的决定。在Forsgren、Humble和Kim的*Accelerate*一书中有写道，“架构师应该与他们的用户密切合作，这些用户就是那些构建和运维系统的工程师，组织可以通过这些系统完成使命，架构师可以帮助用户实现更好的产出，向用户提供获得产出的工具和技术。”

兼职的、聚焦于架构的赋能团队的主要工作内容是，让各团队所负责部分之间的有效API定义得最合理和高效，让团队间的交互符合康威定律。（我们将在第7章进行详细讨论。）

总结：采用松耦合、模块化的四类特定团队类型

很多组织都在努力实现持续、快速的软件交付，然而他们有多种团队类型，分别有各自不同的（经常定义得不太好）职责。为了避免这个问题，我们可以把团队类型限制为四类基本类型：流动式团队、赋能团队、复杂子系统团队和平台团队。

如今，开发和运行软件系统的组织需要考虑优化团队，以便更快、更安全地交付变更，这取决于线上生产系统的工作方式。这意味着，不同团队间应该是松耦合的，可各自独立地运行其所负责模块的变更流程，能够交付产品、服务或用户体验的一个有价值的增量。

赋能团队、复杂子系统团队、平台团队帮助流动式团队高效工作。其中，赋能团队识别障碍和应对跨团队的挑战，并且促进新技术、新方法的落地实施；复杂子系统团队（需要的话）提供对系统特定部分、特定领域的专业支持；平台团队提供底层基础，让流动式团队可以基于它以最少的成本构建和支持软件产品和服务。

按上述方法把构建和运行软件系统的团队的类型和职责标准化，可以使流程运行得更加顺畅。其中，绝大部分团队应该是流动式团队，并由赋能团队、复杂子系统团队和平台团队提供功能和技能上的支持。

而平台本身也应该作为一个产品或服务来对待，需要有相应的软件产

品管理技术以排定优先级，定期与客户（主要是流动式团队）沟通，并且聚焦在用户体验和开发者体验上。平台部门本身是由若干对内的流动式团队、赋能团队和复杂子系统团队构成，甚至可能包括下层平台团队。也就是说，平台部门内部的团队类型和交互模式跟使用平台的团队相同。

聚焦于赋能流动式团队实现快速流动，有助于推动组织各个级别的决策制定，这是合体团队的首要使命。

第6章 选择团队优先的边界策略

6

> 当代码不起作用时……问题萌发于团队的组织方式及人们的沟通方式。
>
> ——Eric Evans，摘自《领域驱动设计》(*Domain-Driven Design*)

如果每个团队都依赖于跨团队的复杂沟通网络，则很难实现价值流动。为了软件系统中变更的快速流动，我们需要消除团队之间的工作交接，并让大多数团队与组织中的主变更流程保持一致。然而许多组织在划分团队职责边界方面遇到了很大的问题。通常很少考虑团队边界的可行性，这会导致团队缺乏归属感、消极怠工和越来越慢的交付速度。

在本章中，我们定义了一系列方法并探讨如何在软件系统内部和跨软件系统找到合适的边界，使团队能够以有助于价值流动的方式有效和持续地负责和改进他们自己的那一部分系统。这些技术同样适用于单体软件和高度松耦合的软件。更为关键的是，这些边界与“团队规模”密切相关：我们将软件和系统边界与单个团队的能力结合，这一下子就能让归属感和可持续发展变得更可行。

通过仔细探索和验证团队之间的职责边界，并使用领域驱动设计和断裂面等技术，我们将软件架构与问题域对齐，提升变更流程的顺畅度，并为组织赋能，使其能够更迅速、更有效地演进社会技术系统。

软件职责和边界中的团队优先方法

软件交付过程中的许多问题都是由于不同团队之间的边界和他们的职责一时的不清晰造成的。正如康威定律告诉我们的那样，软件架构不同部分之间的高度耦合（即使从理论上，架构也应该是高度模块化和可扩展的）常常会掩盖这一点。这种系统通常被称为“单体”系统。

发表在*Accelerate*这本书上的研究表明，紧耦合的架构会对拥有明确职责的自治团队的生产力产生负面影响。作者还提到了有助于解耦这种架构的架构方法：“能够实现这种策略（支持团队负责从设计到部署的全部职责）的架构方法包括使用有界上下文和API，将大型域分解为较小的、更松耦合的单元。”

但是，当我们想从单体软件系统转移到更松耦合的服务时，我们还必须考虑新的架构将如何影响相关团队。我们需要考虑他们的认知能力、地域分布和针对新服务的收益。

如果没有从团队的角度考虑，我们就有可能在错误的地方拆解单体服务，甚至创建一个由相互依赖的服务组成的复杂系统。这被称为“分布式单体系统”，导致团队缺乏对服务的自主权，因为几乎所有的变更都需要同时更新其他服务。像亚马逊的服务团队（第4章）的例子表明，我们需要思考并引导团队交互，从而实现预期的服务独立性效果。

不可见的单体和耦合

单体应用有很多种，有些一开始很难检测出来。例如，许多组织花费时间和精力将一个单体应用拆分成较小的服务，结果却在部署流水线中生成了一个单体应用版本，从而浪费了更快、更安全的发布机会。我们在开始改变之前，需要充分意识到我们正在处理的是什么样的单体系统。

单体应用

*单体应用*是具有多重依赖关系和职责的单个大型应用程序，它暴露了多种服务和/或不同的用户操作场景。这类应用通常会作为一个完整的部署单元，不仅让用户感到比较头疼（应用在部署期间不可用），也让运营商面临棘手的局面（因为生产环境不确定会造成意外的问题；即使我们在类生产环境中测试了单体应用，但谁也不能保证两套环境完全一致）。

单体数据库

*单体数据库*是由多个应用或服务组成的，这些应用或服务都耦合到同一个数据库模式，这使得它们很难独立地进行变更、测试或部署。这种整体性通常是由于组织将数据库而不是服务视为核心业务引擎导致的。比较常见的情况是，一个或多个数据库管理（DBA）团队不仅要维护数据库，还要对数据库的变更做协调，这些任务经常让他们感到人手不足，自然而然地，他们也成了交付过程的巨大瓶颈。

单体构建（重新构建一切）

*单体构建*使用一个超大的持续集成（CI）服务来构建新版本组件。单体应用导致了单体构建，或者虽然拆分成了一个个较小的服务，但是构建脚本却被设置为构建整个代码库，而不是在组件之间使用标准的依赖管理机制（如制品包或容器）。

单体（耦合）发布

单体发布由一系列小组件共同构成一次“发布”。当组件或服务可以在CI中独立构建，但只能在没有模拟服务的共享静态环境中测试时，人们最终会将所有最新版本的组件下载到同一环境中。然后，他们将整个组件集合作为一个整体进行部署，大家相信正在测试的组件就是将来在生产中运行的组件。一般来说，如果设置了一个QA团队以专门负责不同组件的测试，则通常会使用这种方法（对于精力有限的QA团队来说，同时验证多个服务变更是有意义的）。

单体模型（单一世界观）

单体模型是在不同上下文中试图强制使用单一领域语言和表达式（格式）的软件。虽然这种一致性在小型组织中受到欢迎并有一定的意义（前提是团队明确认同这一观点），但是一旦这个组织涉及多个团队和/或领域，这种方法就会无意中开始对架构及其实现施加约束。

单体思维（标准化）

单体思维是“一刀切”的团队思维模式，它会导致团队之间的技术和实现方法受到不必要的限制。标准化一切的目的是尽量减少变化及简化对工程团队的管理监督，但这样做的额外代价很大。优秀的工程师往往会主动学习新工具和新技术并且热衷于此。通过强制使用单技术栈和/或工具来限制团队的自由选择权，会严重损害他们使用更适合的工具来工作的能力，并降低（或有时会扼杀）他们的积极性。在*Accelerate*一书中，作者通过他们的研究表明，对团队强制实施标准化实际上会减少主动学习和尝试，从而导致更糟糕的解决方案选项。

单体工作空间（开放式办公室）

单体工作空间是一种单一办公室布局模式，适用于同一地理位置的所有团队和个人，通常是独立的个人工作空间（小隔间）或开放式平面布局，每个人的办公桌之间没有明显的隔板。

办公室应该是标准化统一布局的，这一想法非常普遍。虽然这可以减少装修的工作量，但是会给个人和团队带来长期的负面影响。不仅如此，我们通常相信开放式办公场地有助于团队协作，但据一个现场调查发现，在两个采用开放式办公环境的组织中，面对面交流的频率明显下降（大约下降70%），同时电子方式交流的频率相应增加。根据我们的经验，出现这种问题通常代表产生了误解，也就是我们需要对目标达成共识，而不仅仅是让人们坐在一起。（有关团队优先办公空间布局的更多信息，请参考第3章；有关不同团队交互模式的信息，请参考第7章。）

软件边界或“断裂面”

尽管每种类型的单体系统都带有一定的缺陷，但是把软件拆分给各个团队时也有一些值得注意的隐患。拆分软件会降低软件不同部分之间的一致性，并可能导致多个子系统之间产生异常重复数据。如果我们没有足够小心地保持用户体验的一致性，那么跨软件的多个组成部门的用户体验就会下降。此外，如果将软件拆成分布式的系统，也会引入额外的复杂度。

首先，我们必须了解什么是断裂面。断裂面是软件系统中的一个天然缝隙，它允许将系统很容易地分成两个或多个部分。这种软件拆分方法对于单体软件来说特别有用。monolith（单体）这个词本身来自希腊语，意思是“单块石头”。传统的石匠以特定的角度撞击石头，利用岩石的自然断裂面将岩石分割成平整的部分。我们可以在软件中寻找类似的断裂面，以找到软件边界的自然分裂点。

通常来说，最好的办法是试着将软件边界与不同的业务领域对齐。从技术角度来看，单体系统的问题非常多（特别是随着时间的推移，构建、测试和修复问题的时间越来越长，价值的交付越来越慢）。如果一个单体应用同时支撑多个业务域，那么它将后患无穷，如影响优先级、工作流及用户体验。

然而，除了业务领域外，软件还有许多其他可能的断裂面。我们应该通过组合不同类型的断裂面来分解单体应用。

断裂面：业务领域限界上下文

大多数断裂面（软件职责边界）都应该映射到业务领域限界上下文。限界上下文用于将较大的域（或系统）模型划分为较小部分的单元，每个部分表示内部一致的业务域区域（该术语来自Eric Evans的《领域驱动设计》一书）。

Martin Fowler在下文中阐明了领域的限界上下文一定具有内部一致相容模式。

> DDD（领域驱动设计）是基于底层领域的模型来设计软件的。模型充当一种普适的语言来帮助软件开发人员和领域专家进行通信。它也是软件设计本身的概念基础：软件如何被分解成对象或功能。模型必须完全一致才能生效，也就是要在内部保持一致，这样模型内部就没有矛盾。

在*Designing Autonomous Teams and Services*一书中，领域驱动设计专家Nick Tune和Scott Millett举了一个在线音乐流媒体服务的例子，该服务有三个子域，它们与业务领域非常一致：媒体发现（查找新音乐）、媒体交付（流媒体到达用户）和许可（权限管理、版税支付等）。

识别限界上下文需要大量的业务知识和专业技术知识，因此在开始的时候犯错是正常的。但在你更好地理解上下文后，需要不断地进行改进和调整，即使可能会导致对某个服务进行重新设计而产生返工“成本”。在我们的设计中，常常会有某种程度的语义耦合，用Michael Nygard的话来说就是，“一个概念可能看起来是原子化的，只是因为我们用了一个词来描述它。仔细观察之后，你会发现这个概念有破绽。”换言之，当系统被限界上下文分解时，这种渐进式的演进是正常的。

应用领域驱动设计的其他优势包括，在给定业务域的限界上下文中可以专注于核心复杂性和机会，通过业务专家之间的协作来探索模型（因为现在的领域划分越来越细），构建可以显式表达这些模型的软件，让企业主和技术人员在限界上下文中使用统一的语言进行交流。

总而言之，业务领域的断裂面使技术与业务保持一致，并减少了术语上的不匹配和翻译问题，改进了变更流程并减少返工。

断裂面：监管合规

在金融或医疗等高度监管的行业内，监管要求往往可以为软件提供硬边界。它们通常要求组织采用特定的机制来审核、记录、测试和部署这些法规范围内的软件，如信用卡支付、交易报告等。

一方面，最好将这些过程在不同系统之间的变动最小化。例如，根据系统类型和变更内容，提供不同的发布/交付过程。但是，应确保这些过程（包括人工审批或活动）始终映射到交付流水线，并对流水线进行适当的访问控制，在满足大部分审计要求的同时可以在所有系统中追溯变更。

另一方面，不应将严格的要求强加于系统中的非关键领域。在监管范围内，单体系统中的分离子系统或价值流就是天然的断裂面。

例如，支付卡行业数据安全标准（Payment Card Industry Data Security Standard, PCI DSS）建立了一套关于请求和存储信用卡数据的规则。遵循PCI DSS标准应该落实到用于卡数据管理的专用子系统上，但这些要求不应该用在碰巧包含支付功能的整个单体系统上。沿着监管合规的断裂面拆分可以简化审计和提升合规性，并缩小监管、监督的范围。

最后，特别是在大型组织中，还有一个需要关注的点，那就是团队组成及其交互模式。对于一个较大的、由单个团队负责的单体系统，通常来自合规和/或法律团队的人员只是偶尔参加规划和优先顺序会议，在这些会议上，工作范围并不能证明这些利益相关者拥有全职团队成员资格。当子系统被拆分时，会形成一个规模较小但专注于合规的团队，包括来自合规和/或法律领域的业务所有者，这样才会比较合理。

断裂面：变更节奏

另一个天然的断裂面是系统的不同部分需要以不同的频率变化的地方。单体系统中的每一个部分都以最慢的速度移动。如果只需要一个新的报告功能，并且发布频率是每季度一次，那么显而易见，很难更频繁地发布其他类型的功能（如果有的话），因为代码库处于不断变化之中时无法投入生产。变更过于集中，交付速度会受到严重影响。

按系统中通常以不同节奏变更的部分进行拆分，可以使它们变更得更快。现在，企业需要推动的是变革的速度，而不是为单体系统中的所有组件强制推行一致的速度。

断裂面：团队位置

分布在不同地理位置和不同时区的团队显然不能叫集中办公。即使团队成员在同一办公楼的不同楼层或不同的物理空间工作，也可以认为他们在地理位置上是分离的。

分布式团队中的沟通会受到一些限制，比如他们只能通过物理或虚拟空间在约定的时间进行跨地域通信。剩余的（非计划的）团队内部沟通（可能高达80%）发生在以每个团队划分的物理边界内。

跨越时区的工作会加重沟通的延迟情况，特别是当依赖于工作时间几乎没有重叠的不同时区的人进行手动审批或者代码评审时，容易产生瓶颈。Heidi Helfand在她的书*Dynamic Reteaming*中强调了不同时区的问题。

> 如果你不得不雇用远程工作人员，你就需要做额外的工作来培养团队内部和团队之间的协作，从而建立真正的团队。你应该试着使用同一个时区而非不同的时区；否则，人们不想见面，因为这会占用他们在家的私人时间。

我们认为，要让团队高效地沟通，可以选择全员集中办公（所有团队成员都处于同一物理空间中）或真正的远程优先方案（有明确约定的沟通渠道，如通信和协作应用，团队中的每个人都有权使用和查询）。如果这两个办法都不可行（全员集中办公或远程优先方案），那么最好根据不同团队所在的位置将单体系统拆分为对应的独立子系统。使用这种方法，这个组织就可以利用康威定律，使系统架构与现实中的通信约束保持一致。

断裂面：风险

在一个大型单体系统中可能存在多种风险要素。更快地向用户交付变更，就意味着要承受更大概率的系统异常风险。顺便说一句，在松耦合的系统架构（不是单体系统）中，拥有真正的持续交付能力实际上会降低频繁部署小型变更的风险。

断裂面可以来源于多种风险类型（这通常与业务的变更偏好相关）。监管合规就是一种特定类型的风险，我们在前面讨论过。其他例子包括营销驱动的高风险变化（侧重于客户获取）与低风险变化（侧重于客户留存）对创收交易类功能的影响。

用户的数量也可能带来可接受的风险。例如，一个多层SaaS产品的免费层可能拥有数百万用户，而付费层只有几百个客户。对免费层中热点功能的变更可能会导致更高的风险，因为任何严重故障都可能导致数百万潜在的付费客户流失。如果对这几百个客户的支持速度和个性化可以弥补偶尔的故障，那么对付费功能的变更实际上可能会降低风险。出于类似的原因，组织中的内部系统通常可能触发更高的风险（即使它们只供内部使用，也并不意味着它们应该被忽视）。

将具有明显不同风险特征的子系统分开，可以将技术的变化映射到企业偏好或监管需求。它还允许每个子系统随着时间的推移逐渐改进自己的风险状况，采用诸如持续交付这样的做法，允许在不产生更多风险的情况下加快变更速度。

断裂面：性能隔离

在特定类型的系统中，区分性能级别是有益的。当然，性能应该始终是每个系统的长期关注点；并且应该尽可能地对其进行分析、测试和优化。

然而，只有部分应用需要应对大规模的需求高峰（如在最后一天提交的年度税务报告），要求一定程度的扩展和故障恢复能力，而系统的其他部分则并不需要。

根据特定的性能需求划分子系统有助于确保它们能够自主扩展，提高性能并降低成本。例如，完整的纳税申报表应用可以由一个纳税提交和验证子系统组成，该子系统对性能的要求非常高，可以在短时间内处理数百万次提交。对于其他子系统，如税务模拟、处理和支付，可以不做太高的性能要求。

断裂面：技术

技术通常（在历史上）是划分团队时使用的唯一边界类型。试想一下，在前端、后端、数据层等方面设置独立的团队是多么常见。

然而，这些常见的技术驱动的拆分类型通常会引入更多的约束，减少而并非改进工作流。一般来说，这是因为独立的团队自治性较差，当产品相互依赖的时候，每个团队对工作整体的可见性较低，团队间的沟通路径没有团队内部的通畅。

在某些情况下，基于技术拆分子系统可能效果会好一些，特别是对于集成了较旧或非自动化技术的系统。当需要涉及此类较旧技术的变革时，流程可能会慢很多，往往会由于必须运行较多的手动测试，或者文档不完善和缺少开放的、支持性的用户社区（假设是新技术栈的社区）而难以实现技术变革。最后，围绕这些技术的工具生态系统（IDE、构建工具、测试工具等）的行为和感觉往往与现代生态系统大不相同，增加了需要在这些迥然不同的技术之间切换的团队成员的认知负荷。在这些情况下，按照技术路线划分团队职责可以有效地提升团队的积极性和软件的改进效果。

在决定是否沿着技术断裂面进行拆分时，应该首先调查替代方法是否有助于加快旧技术的变革步伐，因为这将消除限制并有利于业务（同时允许一个单体系统沿着更有价值的断裂面进行拆分，如与业务领域一致的限界上下文）。例如，在*DevOps for the Modern Enterprise*一书中，Mirco Hering解释了如何在处理专有商业软件产品时应用良好的编码和版本控制实践。

断裂面：用户角色

随着系统的迭代和功能的扩展，它们的客户群（内部或外部）也在增长和变得多样化。一些用户组将依赖于给定的功能子集来完成工作，而其他用户组则需要另一些子集。在分层定价的产品中，子集是按设计内置的（高付费客户比低付费或非高付费客户可使用更多的功能）。在其他系统中，管理员用户比普通用户有更多的选项和控件；或者简单地说，有经验的用户比新手用户更多地使用某些功能（如键盘快捷键）。因此，在这类情况下，根据用户角色拆分子系统是有意义的。

特性之间的依赖性或耦合问题，可以通过更敏锐地关注客户的需求和提升系统的使用体验来进行弥补，这将获得更高的客户满意度和提高组织的盈利点。事实上，这种架构也有助于提高支持用户的速度和质量，使将问题映射到给定的子系统和团队变得更加容易。负责相应企业用户的子系统团队也希望自己总有时间能尽可能顺畅地响应（企业）的问题。

特定组织或技术的天然“断裂面”

有时，可以使用其他天然的或已有的团队优先断裂面来分配工作。例如，断裂面适用性的石蕊试验[1]：这个架构是否支持更多的自治团队（依赖较少的团队），以及需要较低的认知负荷（较少的异质职责）？

当然，要想达到这样的效果，往往需要先做一些尝试，然后逐步微调。如果不直接尝试，就不可能保证最终有一个明确的结果。先来看一个启发式方法，可以帮助你评估你的系统和团队的边界，这个方法很简单：作为一个团队，我们可以把这个子系统当作一个服务来对外提供或使用吗？如果答案是肯定的，那么这个子系统就是一个很好的候选项，可以将其拆分并分给一个团队来负责和演进。

在 Poppulo 寻找良好的软件边界

Poppulo 运营副总裁 Stephanie Sheehan
Poppulo 工程总监 Damien Daly

Poppulo 使组织能够在一处集中规划、确定目标、发布和衡量其跨多个数字渠道的通信的影响。从 2012 年起的四年中，我们的规模扩大了两倍，在美国开设了办事处，并扩大了全球最大品牌的客户组合，包括雀巢、益博睿、LinkedIn、本田和劳斯莱斯。截至 2019 年，Poppulo 平台被 100 多个国家的 1500 多万名员工使用

1 一种立见分晓的检测办法。——编者注

过。到目前为止，我们不得不在三年内从一个开发团队扩展到八个产品团队、一个 SRE 团队和一个基础设施团队。

早在 2015 年，我们就预计我们的客户群和工程人员的规模会有显著增长，因此我们希望能够确保以一种有助于新团队在很大程度上独立和自主的方式拆分单体系统。由于我们雇用了更多的工程师，为单个团队工作的架构和实践已经无法扩展，因此我们把 DevOps 和持续交付实践作为开发实践的重点，并从我们现有的（成功的）单体系统迁移到微服务架构。

我们一开始就非常注重将“团队整体”作为完成工作的方式。以前，我们有时会遇到个人瓶颈问题，但通过采取团队方式和结对（后来采用群议）等做法，开始看到工作流变得越来越好，因为团队成员互相帮助完成任务。然后我们开始配置代码并添加自动测试功能，这样我们就可以看到代码在生产中的实际工作情况。通过端到端地部署流水线，改进的日志记录和度量数据会帮助团队更好地理解代码并开始全心投入。

Poppulo 的产品可以帮助组织内的大量人员进行电子通信，因此我们的业务领域集中在诸如人员、内容、事件、电子邮件、移动电话和分析等概念上。通过阅读和观看会议讨论，我们发现通过完全分离领域来给予交付团队一致的自主权非常重要。在通过这些领域边界拆分软件之前，我们花费了一些时间用于评估每个领域的独立程度并在白板上模拟这些场景。我们非常希望自己不会受到康威定律的不利影响，因此确保有效的领域独立至关重要。

我们重视工作中的协作和自主性，因此将自己组织成“矩阵产品团队”，即完全负责某一产品领域并坐在一起的多功能团队。我们的产品团队通常由四个开发人员、一个产品经理、一个 QA 和一个 UX/UI 设计师组成。我们的团队直接与客户和利益相关人员沟通：他们跟踪支持电话；他们设计、构建和衡量解决方案的影响；他们对交付方案的质量负责。

我们使用领域驱动设计中的一些技术，特别是事件风暴，来理解和建模业务上下文中的域。从更技术的层面而言，我们使用 Pact 作为契约测试服务和团队间的通信工具。Pact 确实帮助我们采用了一种清晰、明确的方法来做测试服务、设置预期，这为所有团队解决了如何测试及如何与其他团队沟通的问题。

我们的大多数交付团队都与业务领域限界上下文（如电子邮件、日历、人员、调查等）保持一致。我们的系统中也有一些部分与监管边界（特别是信息安全管理的 ISO 27001）和跨域功能使用报告的需要相一致。这些领域由一个小的专家团队或通过几个团队的协作来处理。

我们还有一个团队为软件的所有部分提供一致的用户体验（UX）。用户体验团队充当所有交付团队的内部顾问，使他们能够快速采用良好的用户体验实践。我们运行 SRE 功能来处理大流量和提高可操作性。

下面花点时间来了解我们的业务领域。自 2015 年以来，单体软件系统已经按照领域进行了拆分，这帮助我们将工程部门从 16 人扩大到 70 人。对自动测试技术的投资和良好的运营聚焦有助于团队理解他们正在构建的软件。通过采用我们称之为“一致自治”（Aligned Autonomy）的跨职能产品团队，各个团队对其所负责的软件服务的良好责任心逐渐展现，这样反过来既让我们实现了快速的变更流程，也让我们能够最小化停机时间。

一个来自生产制造的真实案例

当我们谈到技术作为断裂面时，我们强调这种方法应该尽量少用，在大多数情况下，这种方法应用于那些同现代软件技术栈迥然不同的过时技术上。当然你不可避免地会遇到例外情况。理解什么样的例外是有效的，以及什么时候一个看起来简单、有效的方法最终限制了有效性，这并不是一个简单的问题。

为了说明这一点，我们先来看看在一个大型制造业客户那里发现的场景。这家大型制造公司为消费者生产物理设备。所有设备都配备了物联网功能，包括来自移动应用的远程控制和通过云实现的远程软件更新。设备由云（通过预定的任务）和交互用户控制（使用移动应用）来控制。所有的活动日志和产品数据都被发送到云上，并在云端进行处理、过滤和存储。

考虑到本书前面强调的团队规模和认知负荷的限制，由流动式团队负责整个端到端用户体验（包括移动应用、云端处理和设备的嵌入式软件）是一件非常有挑战性的事情。在三个完全不同的技术栈（嵌入式、云和移动）之间进行端到端的变更，难以满足技术要求，并且与之相关的认知负荷和上下文切换也是难以持续的。在最好的情况下，从技术和架构视角来说，变更非最优解；在最坏的情况下，这些系统是脆弱的并且会带来持续增加的技术债，最终对用户来说意味着不好的用户体验。

相反，主动接受系统的技术限制，团队可以根据天然的技术边界进行组织（嵌入式团队、云团队，以及可能的移动团队）。这些技术之间的差异（在技能和部署速度方面）给每个团队带来了不同的变更速度，这是独立团队的核心驱动力。

在这种情况下，主要有两种选择（参见图6.1）。（1）将云端软件视为平台，将移动和嵌入式物联网软件视为平台的客户/消费者。如果消费类应用的变更速度或变更难易程度至少与云平台的一样，那么这将非常有效。（2）将嵌入式物联网设备视为一个平台，并使云和移动应用成为该平台的客户/消费者。两种模型都可以工作，但在每种模型中，作为平台的团队需要采用类似平台的方法。

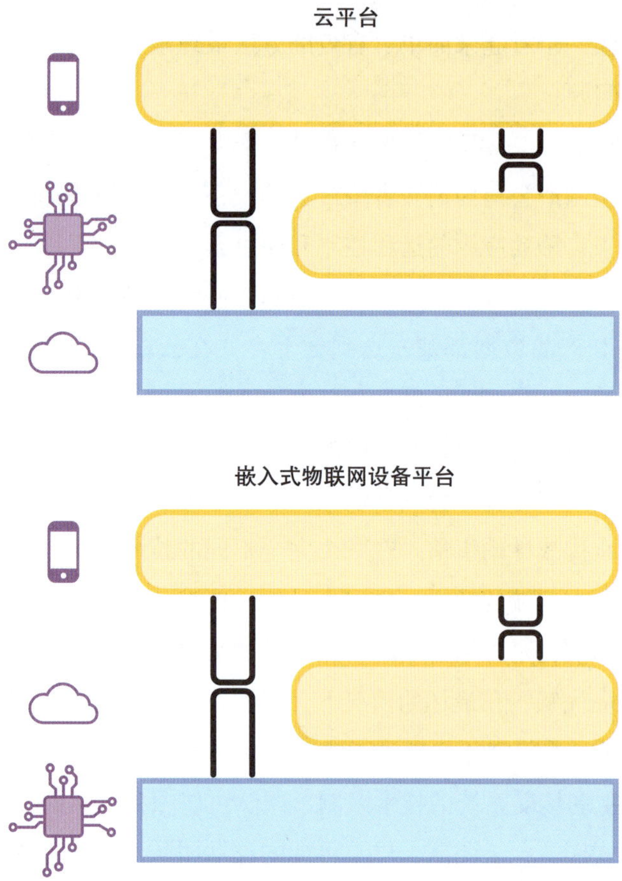

图6.1　移动、云和物联网技术断裂面场景

基于三种完全不同的技术（移动、云和物联网），组织必须根据每个区域的认知负荷和变化频率来决定采用有意义的断裂面方法。

对于涉及两个或更多技术领域的特性，这种方法需要团队之间进行定期沟通和协调。在将新的软件版本部署给嵌入式设备之前，可能需要对云平台的API进行更改。然而，这种协调也应该有助于在团队之间建立通用的工作方式（如语义版本控制、日志记录方法、API优先式开发）。

随着时间的推移，由于不同技术的变化节奏逐渐趋于一致，未来这些共享的实践和知识可能使团队边界重新划分。

总结：根据团队认知负荷来确定软件边界

在优化价值流时，流动式团队应该负责一个独立的领域。当多个领域隐藏在包含许多不同职责且主要由技术选型驱动、跨多个业务领域提供功能的单体系统中时，将是一个挑战。

我们需要寻找天然的方法来拆分系统（根据断裂面），使产生的各个部分尽可能独立演进。由此，分配到这些部分的团队将体验到更多的自主权。

将子系统边界与业务（主要是独立的）部分对齐是一个很好的方法，领域驱动设计方法可以很好地支持这种方法。但我们需要警惕其他断裂面，如变更频率、风险、监管合规等。通常来说，我们需要组合各种断裂面。

最后，我们需要意识到不同类型的单体系统可能会阻碍流动并导致团队之间出现不必要的依赖。虽然我们通常认为系统架构是一个整体，但即使在系统架构已经模块化的情况下，还有其他更微妙的耦合方式（如共享数据库、联合构建和/或发布等）。正如Amy Phillips所说的那样，“如果你采用了微服务架构，但是你在发布之前需要等待所有的微服务开发完成后再进行端到端的组合测试，那么这其实就是一个分布式的单体系统。”

在考虑子系统边界时，主要目标应该是找到与业务领域限界上下文结合的软件断裂面，这是因为大多数的限界上下文都将映射到组织中天然存在的业务变更流。反过来，这也意味着业务领域边界可以与流动式团队对齐，有助于聚焦在跨组织的价值流上。

可以围绕特定的挑战（如技术、法规、性能、人员的地理位置、用户角色）选择断裂面，以帮助减少团队之间的交接并促进流程改进。

在任何情况下，必须使软件的特性团队人员规模保持稳定，以便团队能够以可持续的方式有效地主导和演进他们所负责的软件。

第III部分

改进团队交互来促进创新和快速交付

核心观点

第7章

- 选择特定的团队交互模式来促进软件交付。
- 选择三种团队交互模式之一：协作、服务、促进，来帮助团队对外提供和改进服务。
- 协作模式能够大幅促进创新，但同时会减慢流转速度。
- 服务模式只有在合理的边界下才能够帮助其他团队实现快速交付。
- 促进模式能有效避免跨团队挑战及检测问题。

第8章

- 为了达成战略优势，可以同时使用多种不同的团队拓扑。
- 改变团队拓扑和团队交互来加速采纳新方法。
- 使用团队拓扑结构区分探索、开发、维护、下线阶段。
- 多样化的团队拓扑可以满足多样化的需求。
- 识别组织变革的触发因素。
- 将运维视为团队自组织的高保真输入。

结论

- 将团队优先方法同康威定律、四类基本拓扑、团队交互模式、拓扑进化及组织感知相结合。
- 从团队入手，识别流动、最小可行平台、能力差距并实践团队交互。

7

第7章 团队交互模式

在协作解决复杂问题的场景中，应该重新考虑采用的技术和组织方式，让人们经常能够独立工作，以获得集体最佳效能。

——Ethan Bernstein、Jesse Shore 和 David Lazer，摘自 *How Intermittent Breaks in Interaction Improve Collective Intelligence*

在第II部分中，我们了解了四类基本团队拓扑的组合，包括流动式团队、赋能团队、复杂子系统团队和平台团队，是如何为快速软件交付提供清晰模式的。然而，仅按照上述模式设计组织结构是无法获得高效能的，还需要考察这些团队间是如何协作的，并适时地进行改进。

在第III部分中，我们将展示团队间交互模式的改进对组织构建软件系统来说会变成一种战略优势。通过组合良好定义的团队交互模式及对团队拓扑演进的清晰探索，组织可以将团队交互视为创新和自组织的有效机制，以此来提升客户价值和用户产出。

目前，我们已经介绍了几种静态的（特定时间点的）团队拓扑，它们适用于不同的场景。我们也介绍了合理设定团队边界的一些指导原则。然而，仅仅为一个特定时间点选择合适的团队边界和期望不再进行更改是不够的。相反，组织必须意识到，团队模式要随着业务、组织、市场、技术及人的需求的变化而不断演进。

当团队在某个领域获得了更多的经验、新的技术成熟可用、组织规模变大等情况发生时，团队与其环境间的相互作用就变化了。团队拓扑的选择和调整则促进了这样的变化。有时候，两个团队间可能需要密切合作一段时间，但是6~9个月之后，更独立的运行反而会带来更高效的软件交付。团队拓扑应该根据遇到的挑战而不断调整和演化。同时，如我们在第I部分中介绍的那样，始终考虑团队职责和软件架构。

在本章中，我们将探讨三种核心团队交互模式，它们让构建软件系统时团队间交互的本质变得简单和清晰。这三种核心团队交互模式是：协作、服务（X-as-a-Service）和促进。这些团队交互模式定义了组织中各团队间的预期行为模式，简化了团队交互，可用于识别不合理的团队边界。

我们也将探讨一些对团队拓扑演化有指导意义的团队交互模式。团队交互模式背后的原因也是正确选择团队拓扑的基础。关键是，使用一组良好定义的团队交互模式，能避免团队与软件间模糊不清的对应关系，子系统间的边界和API因此变得清晰。

良好定义的交互模式是高效能团队的关键

在很多组织中，未良好定义的团队交互模式和职责是挫败感和低效率的源头。即便团队可能被告知他们是自组织的，但团队成员发现他们为了完成工作不得不同其他团队进行交互，这会让人感到非常沮丧。其他团队也许有责任提供API或服务，但他们并不知道应该如何做才能更高效。

当我们思考任意团队之间的关系时，首先要明确的是，需要与另一个团队协作才能完成某个目标，还是仅仅使用他们的服务（参见图7.1）。这种关于协作还是使用服务的选择在组织的各个层面都会出现：使用IaaS

（基础设施即服务，如AWS、Azure或Google Cloud），日志和度量指标协作，依赖一个复杂子系统团队来构建复杂的音频编解码或共同完成应用部署。我们必须避免让任意团队都与其他所有团队沟通，就像爵士乐队在演奏时需要相互协调一样，组织内的交互也需要精心设计。

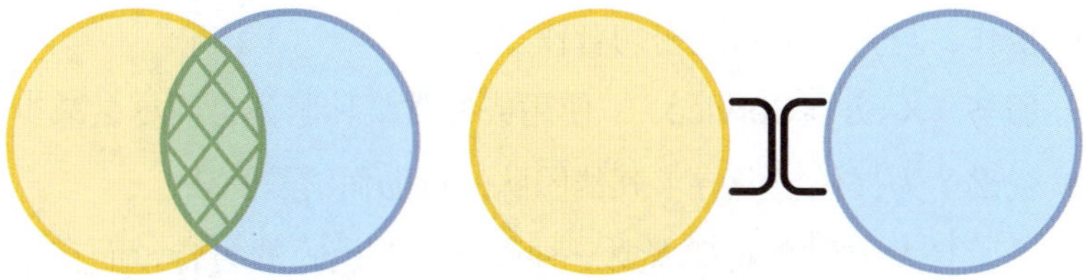

图7.1　协作与服务的对比

协作意味着显式地共同工作，而服务是指一个团队使用另一个团队提供的某种“服务”。

> ### 注意
>
> **间歇的协作将带来最佳结果。**
>
> 最近，研究人员设计了一个精巧的试验，以评估解决基于团队的复杂问题方案的效率。Bernstein和他的同事们发现，“小组成员仅在间歇地交互时……可产出具有平均质量的解决方案，与那些内部交互频繁的小组几乎相同，甚至他们也产生了足够多的备选方案，用以找到最佳方案。”间歇的协作与始终交互相比能找到更好的方案。

第7章

团队交互的三种核心模式

为了理解何时和如何为软件系统引入团队拓扑模式，我们需要定义和理解团队可以也应该使用的三种核心交互模式，并兼顾团队优先动态原理和康威定律。

- **协作**：与另一个团队密切合作。
- **服务**（X-as-a-Service）：使用或提供某种服务，而尽量减少协作。
- **促进**：为提供或者寻求其他团队的帮助而清除障碍。

几乎所有大中型企业都需要三种团队交互模式的组合，而在小型组织中，这些模式的引入速度也远超大多数人的预期。此外，在与不同的团队交互时，一个团队可能使用两种不同的交互模式。图7.2以图形化的方式展现了不同的交互模式。

图7.2　三种团队交互模式

协作模式表达为交叉斜线，服务模式表达为中括号，促进模式表达为点阵。

例如，假定团队A为流动式团队，负责个人财务管理软件的开发。他们可能使用协作模式与负责云监控工具的团队B交互，同时使用服务模式与提供软件运行平台的团队C交互（参见图7.3）。

将软件开发团队间的交互归结为以上三种模式，清晰地定义了团队的边界，因此从多个方面提高了软件交付的效率。相应地，根据康威定律，所开发的软件系统也将反映上述团队边界。Mike Rother在分析日本丰田公司的巨大成功时写道："丰田成功的根本原因不是其组织结构，而是对其员工能力的开发和习惯的培养。"

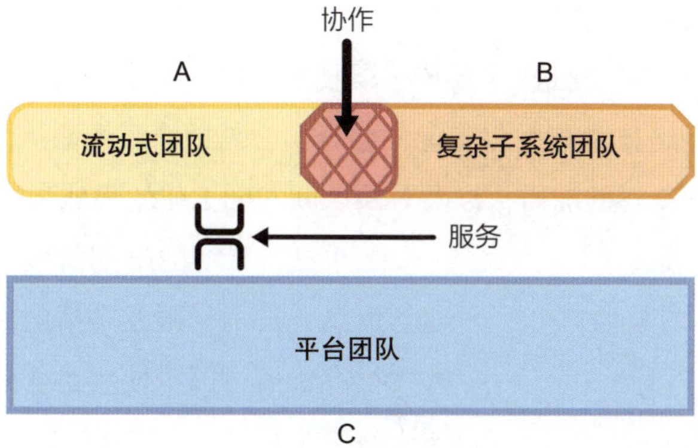

图7.3　团队交互模式场景

流动式团队A与复杂子系统团队B开展协作（表达为交叉斜线），同时通过服务模式使用团队C提供的平台（表达为中括号）。

交互模式应该成为团队的习惯。通过要求并帮助团队形成这样的团队交互，团队目标和职责变得清晰，与其他团队合作时的挫败感变少。将团队交互限制在这些模式中也符合康威定律（详见第2章），让开发出的软件的结构更合理。团队应该思考："我们应该用什么模式与另一个团队交互？我们应该与另一个团队紧密协作吗？我们是否应该提供服务？或者我们应该期待或提供帮助？"

小贴士

团队间是采用协作模式还是一个团队通过服务的方式为另一个团队提供某种能力，这是团队拓扑方法中的关键要素。

第7章

协作：有利于创新和快速探索，但边界不清

当进行大量探索性工作（比如尝试新技术）时，适合使用协作模式。协作模式避免了团队间工作交接带来的大量损耗，因此适合快速尝试新事

物。例如，当一项创新工作需要A、B两个团队的专家共同完成时，比如基于云的传感器管理（云技术与传感器技术的结合）或者可穿戴设备的安全本地网络（网络技术与服装工业的结合），就适合采用团队协作模式。协作模式依赖于良好的沟通，以及对团队间共同工作的强烈意愿和能力。

> 协作：与另一个团队紧密地共同工作。

在开发新系统的早期阶段，需要快速发现新信息、技术局限及合适的实践时，协作模式很有价值，因为使用协作模式的团队拓扑能够快速发现新方法和问题。

当不同的团队具备不同的知识和能力，需要他们协力完成挑战时，就需要这样的协作模式。协作带来了对技术的深入理解，并将其带到其他团队（参见Kyung Hee Kim博士和Robert A. Pierce所说的“发散式思维”方法。）

可以用两种有效的方法来描述协作模式下团队之间的交互。第一种是两个具备独特专业技能和职责的团队共同完成工作的一部分。在这种协作模式下，两个团队依然聚焦于他们各自的职责和专业领域，并且在一个特定活动子集中进行协作。

第二种协作模式的显著特征是两个团队几乎融为一体，即便原本两个团队拥有不同的技能和专业领域，但是现在有效地成为一个团队资源池。（小心不要让总人数超过15这个邓巴数字。）

不论是小范围的重叠还是关注点或职责方面完全重叠，两个团队必须共同对工作的产出负责，因为协作模式使责任边界变得模糊。如果不能共同承担责任，那么当问题出现时，就可能会失去相互信任。

当团队身处一种探索和快速学习的环境下，职责超出了团队现有的专业能力时，就应该考虑同另一个具备不同技能的团队紧密协作。然而，协作带来的认知负荷将会远大于团队固有领域的认知负荷。这意味着沟通成本将会上升，很可能导致单一团队的效率显著下降。相反，两个团队在快速探索新实践的过程中，他们整体的效率不断上升，这也可以视为一种投资。这就意味着当两个团队采用协作模式进行交互时，协作的高成本理应带来共同工作的高价值产出，而且这种回报是唾手可得的。同时团队间也不应该或很少发生摩擦，因为任何摩擦都会增加协作的难度。

此外，根据康威定律，协作模式带来的探索和快速学习也会使两个团队的职责及所负责软件的架构更紧密地融合在一起。如果两个团队的服务或系统需要清晰的、良好定义的接口，那么长期使用协作模式可能不是最佳选择。在短期或者偶尔的协作中建立或优化接口是没问题的，但如果需要两个团队长期协作，那么意味着要么领域边界可能有问题，要么团队职责、技能融合等方面出现了问题。

协作模式的优缺点如表7.1所示。

表 7.1　协作模式的优缺点

优　　点	缺　　点
快速创新和探索 较少的工作交接	广泛、共享的团队职责 团队间更多的细节和上下文导致更高的认知负荷 协作模式下工作产出可能低于以往
约束：一个团队在某一时间最多可以与一个团队开展协作模式，不能同时与多个团队开展协作模式	
典型使用场景：流动式团队与复杂子系统团队的协作；流动式团队与平台团队的协作；复杂子系统团队与平台团队的协作	

服务：职责清晰、交付可预期，但依赖有效的产品管理

服务模式在以下场景适用：一个或多个团队需要引用代码库、组件、API或者平台，这些服务无须太多成本即可使用，或者独立团队或一组团队能够提供有效的作为服务的组件和子系统。

在开发新系统的后期阶段，可预期的交付（而不是探寻新方法）变得

服务：最小化协作时使用或提供某种服务。

更必要，此时最适合采用服务模式。在这个模式下，团队可以使用（内部的或外部的）其他团队所提供的服务作为技术方案的一部分，以便团队能聚焦在自身的职责上。

服务最具挑战的部分已通过早期紧密协作的“发散式”方法得以解决，最终将最有效的解决方案沉淀成一种服务。服务团队需要完成卓越的工作才能将部分内容服务化，这虽然不容易，但这么一来交付团队就无须过多地理解他们工作之外的非核心细节，帮助他们更快速地实现交付（参见Kyung Hee Kim博士和Robert A .Pierce提出的“发散式思维”方法）。

在服务模式中，职责边界是非常清晰的：一个团队提供服务，另一个团队使用服务。与在协作模式下工作相比，不再需要那么多上下文信息，从而两边的认知负荷都得以降低。跨越边界的创新相比协作模式有意地变慢了，这是因为服务模式通过优雅、整洁的API清晰定义了服务。在图7.4中，我们能看到这样的关系。

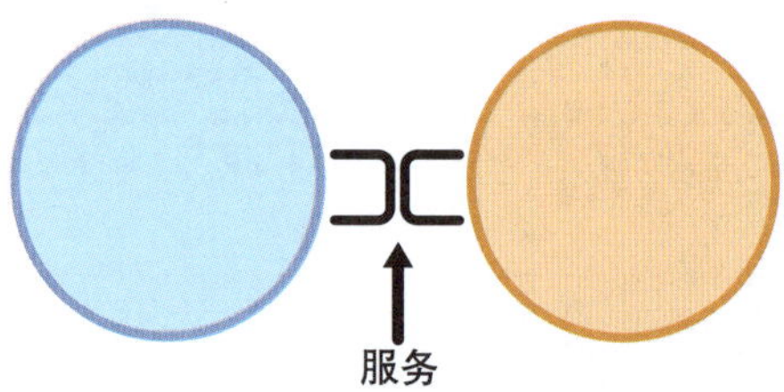

图7.4 服务模式

图中右边的团队向左边的团队提供了某种“服务”（可能是API、开发工具，甚至是整个平台）。

为了让组件或系统的某部分能有效地提供服务，不仅要综合考虑业务和技术领域来确定职责边界，而且提供服务的团队也需要理解使用方的需求，并且采用服务管理原则（版本化、产品管理等）来管理他们的子系统。

在服务模式中，两个交互团队几乎不需要日常协作即可以服务的方式使用或提供组件、API、特性。服务模式的明显好处是：如果服务使用方不需要与服务提供方有太多沟通就能使用服务，那么服务使用方就可以高效率地工作。这意味着，在服务模式下，由于服务可以开箱即用，而无须关注其底层实现细节，服务使用方可以快速实现功能，这是使用服务模式最大的价值。

注意

只有当服务边界定义良好、服务被正确实现、服务提供方实施服务管理实践时，服务模式才能正常运作。

不论是提供组件、API、测试工具还是整个交付平台，服务提供团队都必须高度重视用户价值和服务可用性。他们必须提供良好的开发者体验。服务应该易于使用、测试、部署和调试；使用说明文档应该条理清晰且及时更新。更进一步，服务必须被很好地管理：服务使用方提出的需求应该被考虑，但这并不意味着照单全收。相反，服务的目的和范围应该考虑所有的用户，服务的演进应该进行很好的规划，并与用户保持沟通。

即便类似底层XML格式转换这样一种简单的代码类库（Code Library），也都能受益于产品管理和开发者体验原则。构建和支持XML类库的团队需要考虑版本和向后兼容性，提供经过沟通的旧版本类库下的线路、线图，协助使用者迁移到新版本等。对于任何超过一个代码类库的情况，这种服务化的方法都显得非常重要。

服务模式的优缺点如表7.2所示。

表 7.2 服务模式的优缺点

优　　点	缺　　点
清晰的职责边界带来的所有权澄清 减少团队间的细节/上下文理解需求，从而限制认知负荷	边界或API的创新减慢 如果边界或API不合理，流动效率有降低的危险
约束：不论是提供服务还是使用服务，一个团队都可以使用服务模式的同时与多个团队交互	
典型使用场景：流动式团队和复杂子系统团队使用平台团队提供的平台即服务；流动式团队和复杂子系统团队使用另一个复杂子系统团队提供的组件或库	

促进：感知并补足能力短板

一个或多个团队受益于另一个团队对他们工作的某些部分的促进（或指导），这就是促进模式的典型场景。这是赋能团队的主流交互模式（参考第5章），通过对外部团队提供支持和能力来提升他们的生产力和效率。作为促进职能团队，他们的主要目标是帮助其他团队变得更高效、更快速地学习、更好地理解新技术，并且发现和解决团队间的障碍及常见问题。促进团队同样有助于发现既有组件和被其他团队调用的服务之间的差异性。

> 促进：向其他团队提供帮助或者寻求帮助来扫清障碍。

促进模式下的团队通常是跨团队协作的，可以识别和降低跨团队问题，帮助指明方向并拥有类似于代码类库、API及由其他团队或组织以服务提供的平台的能力。

承担促进职责的团队并不参与核心软件系统的开发及提供组件支持或者平台能力，反而更加专注于其他构建和运行软件的团队之间的交互质量。比如，某个团队要促进其他三个流动式团队的效率提升（参见第5章），他们可能会发现平台提供的日志服务非常难以配置，这个服务对所有三个团队来说都不方便。那么这个团队就可以向平台提出有关优化日志服务的建议，从而给三个流动式团队带来帮助。

由于两个促进模式下的团队中只有一个团队负责构建主软件系统，所以康威定律带来的影响是可以预计的，促进团队会基于预期的系统架构帮助定义和澄清团队间的沟通。

促进模式的优缺点如表7.3所示。

表 7.3　促进模式的优缺点

优　　点	缺　　点
降低流动式团队的阻碍以提升流动速度	需要有经验的员工从事“非生产性”工作
识别组件和平台的缺陷及没有对齐的功能和特性	参与促进的其中一方或两方团队可能对交互模式不熟悉或感到陌生
约束：理论上一个团队仅能同时与有限个团队处于促进模式，无论是提供帮助还是获取帮助	
典型使用场景：一个赋能团队帮助一个流动式团队、复杂子系统团队或平台团队；一个流动式团队、复杂子系统团队或平台团队帮助一个流动式团队	

每种交互模式下团队的行为特征

每种团队交互模式都有其对应的一系列最佳团队行为。这些团队行为可以被认为是行为特征，就好像乐队根据不同的音乐类型（比如爵士乐、摇摆舞曲、管弦乐电影配乐等）来调整演奏风格。乐队（或者团队）的成员是不变的，但是风格却是根据需要而变化的。当乐队（或者团队）需要与其他演奏组合作时也是如此，比如四重唱或者唱诗班：乐队演奏风格的变化使得合作演出成功。

就像乐队改变演奏风格以适应音乐类型和合作演出的其他演奏组一样，团队也需要遵循软件交付的团队拓扑方法来调整自己的行为“风格”，以适应与其交互的其他团队。

著有关于考虑康威定律的团队间沟通方面著作的顶尖专家James Urquhart认为，需要某种“能避免政治、频率约束、低效率等人际沟通问题的反馈沟通渠道”。这正是本章所讨论的良好定义的团队交互模式所应该提供的。更进一步，行为研究表明，人们在能够预测对方行为时，可以更好地共事。为此，我们应该给合作者留下始终如一的印象，以构建信任关系。明确的角色和职责边界将带来可预期的行为，并避免“看不见的电子栅栏”。

小贴士

使用承诺理论设计团队交互系统。

技术专家和研究人员Mark Burgess提出的承诺理论（Promise Theory），描述了为什么及如何使用承诺而非命令和强制性的合同来构建团队间的关系。例如，通过遵循语义化版本（SemVer）所指示的大版本号/小版本号/补丁版本号/构建版本号的含义，团队承诺不打破依赖其代码的软件的可用性。

第7章

协作模式的团队行为特征：“高频沟通和互相尊重”

协作模式下的团队需要保持高频沟通，并且协作团队间需要互相尊重。也就是说，团队成员应该能意识到随着“边界拓展”，团队可以协作探索和解决之前的未知问题，这也要求团队花费更多的时间进行交互。因为以另一个团队的工作来奖励一个团队有助于产生一致的行为，*Principles of Product Development Flow*一书的作者Don Reinertsen将其称为“重叠度量原则（Principle of Overlapping Measurement）”。

小贴士

如何培训协作模式。

可以开展一些基本的协作技巧方面的培训，比如结对编程、Mob 编程（Mob Programming）、白板草图（Whiteboard Sketching）等，围绕边界拓展协作方面的特定培训对于团队未来开展协作模式大有裨益。

服务模式的团队行为特征："重视用户体验"

在使用服务模式开展团队交互时，理应关注所提供服务的用户体验。比如，如果平台团队向流动式团队提供了一套动态云测环境，那么这两个团队都需要关注这些环境的使用体验：API用起来如何，是否能够简单明了地看到已使用的资源情况，功能特性是否尽善尽美等。当然，平台功能同样重要，但是为了追求最有成效的团队交互，对于平台使用体验的关注也是必不可少的。

小贴士

如何培训服务模式。

可开展一些围绕核心用户体验（UX）和开发者体验（DevEx）方面实践的培训，这对于服务模式的团队交互很有帮助。

促进模式的团队行为特征："帮助和被帮助"

促进模式下的团队交互的核心在于帮助和被帮助。举个例子，一个赋能团队在协助流动式团队掌握新的实践。那么流动式团队的成员需要开放心态获取赋能团队的帮助，尤其对于新方法保持开放，并且能意识到赋能团队说不定找到了更好的方法。

小贴士

如何培训促进模式。

可开展一些关于如何促进或者如何获取其他团队帮助方面的培训，这对于促进模式团队交互的开展很有价值。

选择合适的团队交互模式

四类基本团队拓扑——流动式团队、赋能团队、复杂子系统团队和平台团队——都有相应的行为特征，来帮助他们在组织中顺畅运转。团队之间打交道时（不论长期还是短期），往往需要采用不同的交互模式来促进产出。

每种基本团队拓扑都可能遇到不同的交互模式。调整团队交互以适配三种交互模式将有助于团队高效运转，以实现当下的组织目标。图7.5显示了每种团队拓扑的主要交互模式。

每种基本团队拓扑的典型和偶然团队交互模式可以对应到表7.4中的团队交互模式。

表 7.4　基本团队拓扑的团队交互模式

	协　作	服　务	促　进
流动式团队	典型	典型	偶然
赋能团队	偶然		典型
复杂子系统团队	偶然	典型	
平台团队	偶然	典型	

第7章

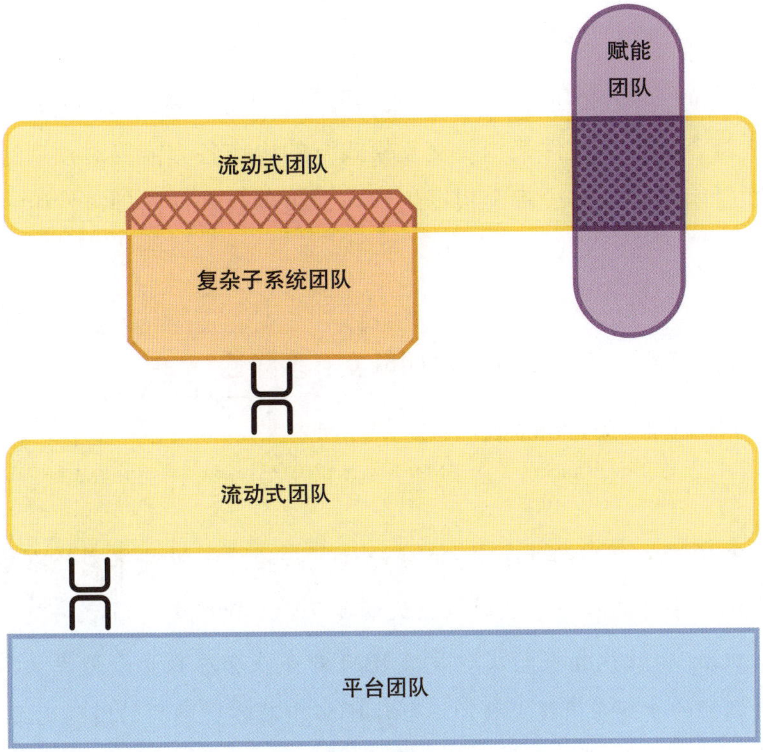

图7.5 四种基本团队拓扑的主要交互模式

流动式团队使用协作模式或服务模式；赋能团队使用促进模式；复杂子系统团队使用服务模式；平台团队使用服务模式向平台使用团队提供服务。

表7.4提供了不同团队如何同组织中的其他团队进行交互的有用提示。例如，一个流动式团队通常使用协作模式或服务模式与其他团队交互，而平台团队大部分情况下使用服务模式。此外，这张表也提供了关于每种类型的团队需要哪些人际交往技能的进一步提示。例如，平台团队需要强有力的产品管理和服务管理专业能力，而赋能团队需要较多的指导和促进经验。

选择基本团队结构

在理解了团队交互模式之后，我们可以设计一个初始的团队结构来帮助打造符合预期的软件架构。交互模式下的协作各方需要对预期达成共识，同时团队结构多少都会根据组织内部边界合理性的理解发生一些变化。

案例学习：IBM 2014 年的团队交互多样性

IBM 持续交付主管 Eric Minick

自 2013 年起，Eric Minick 负责在 IBM 全球技术团队中引入和推广新的方法和实践。

当我在 2013 年加入 IBM 的时候，云技术和无处不在的自动化正在给企业软件领域带来巨大的变化。当时我的职责之一是把 DevOps 和敏捷相关的实践带给 IBM 分布在全球数十个地点（六大洲）的 4 万名研发工程师。当时 IBM 中有各种类型的团队交互，为了让大家转换到新的工作方式上，我们成立了一个“布道”团队（参见图 7.6）。

布道团队包括几名全职成员和一些兼职成员。该团队从全球各个团队中收集成功的模式，以此来鼓励和教育大家，把新的方法传遍 IBM 整个组织。这些方法包括面向团队及其领导的正式培训，也包括数千名技术专家在线参加的网络研讨会。

这样的布道团队可能并不完全符合团队拓扑，因为它是一个临时性的团队，几年后应该就不需要了。就像我曾在 Twitter 上说的，DevOps 团队的目标应该是向组织赋能，而不是让自己成为业务的一部分。

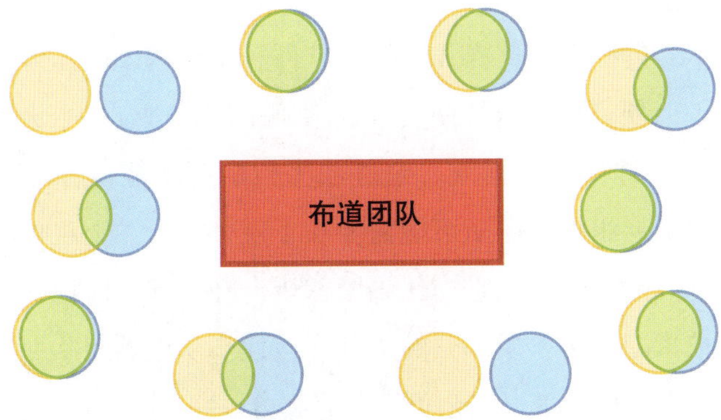

图7.6　2014年前后IBM的团队交互模式

这是2014年前后IBM的团队交互模式，在DevOps布道团队的协调和促进下学习和改变团队。

在协作和促进交互中运用逆康威定律

当运用逆康威定律（详见第2章）时，康威定律所揭示的分形的同态力正好是我们想要的：团队结构被设计成符合软件和系统架构所需的沟通路径。然而，并不能期待新的团队结构一旦实施，新的系统架构就立刻出现。事实上，由于康威定律背后的机理，当前已存在的系统架构将首先对新的团队结构造成冲击。

为了帮助新的团队结构运转，也为了探测新的职责边界是否真的正确，应该在运用逆康威定律时，让相关开发团队临时但明确地使用协作模式，同时让一个或多个赋能团队（可能还有其他团队）以促进模式辅助。当临时并明确地使用协作模式来跨新边界共同工作，并且给予流动式团队和复杂子系统团队高等级的辅助支持时，新的职责边界带来的任何问题就可以被快速识别，于是团队就可以及早地采取调整设计等行动，而避免了

第7章

在错误的道路上走得太远。

而在协作的过程中，负责开发相应软件子系统的团队需要逐步承担起相应的职责，以便日后可以长期负责。举例来说，假定一个大型单体软件需要拆分成若干部分（根据流、组件或平台的新功能拆分）。从逻辑上说，那些负责上层组件的团队可能需要在下层（平台）上工作一段时间，以便把代码剥离出来，特别是当代码紧密耦合在一起的时候。随着协作时间的推移，被指定负责下层部分的团队应该逐步从原始团队那承担起越来越多的职责，直到最终可以完全负责下层部分。

通过团队拓扑的演进探索团队间的有效API

如第5章讨论的，一个专职架构团队通常是一种需要避免的反模式。然而，在组织中架构团队的职责是通过探索、调优和重塑团队交互模式从而来影响软件系统架构时，少数几名软件和系统架构师构成的小组可以卓有成效。

这是因为当康威定律作用于一个系统开发组织时，组织的架构就是系统的架构。如Ruth Malan所说，"组织的划分决定系统各部分间实际的边界。"Allan Kelly长期倡导使用逆康威定律塑造团队，他说："架构师需要同时具备技术能力和协作能力……他们也需要具备比单纯技术更广的影响力，比如业务策略、组织结构、个人事务等。他们事实上需要的是一个管理者。"

架构师需要思考："哪类团队交互模式适用于这两个团队？在两个团队以及两个系统组件之间需要何种沟通方式？"一个组织中遵循团队拓扑方法的架构师于是成为团队API的定义者，这些API塑造了预期的软件架构。

实际上，与其完全依赖于团队成员完成边界的定义（这可能是一个压力大、需要良好的社会和技术技能的工作），不如让具备API设计能力的人来设计组织内团队间的API。

选择团队交互模式来降低不确定性并增加流动性

不同的团队交互模式有不同的特征，因此适用于不同类型的活动或目标。在本节中，我们会讨论在不同场景下应该使用哪种团队交互模式。

使用协作模式来发现可行的服务交互

服务交互模式可以非常有效地帮助软件交付团队实现快速流动。然而，如果服务间的边界没有定义好或者服务尝试提供太多或太少的功能，却没有兼顾足够的灵活性，那么服务交互不再有效，服务也无法满足使用方团队的需求。

为了解决服务间的边界定义问题，可以采用协作模式在新的地方重新定义服务边界。这意味着缩小或扩大服务的职责范围，或者增加更多的灵活性，以便让服务更适合使用它的团队。事实上，应该持续使用轻量的协作交互来保证所有的服务是最合适、最有效率的。我们想要通过“恰到好处”的协作来设计服务边界，调整服务范围，满足服务提供者和使用者的需求。

如果组织希望建立一种全新的服务交互，可以采用同样的办法：通过紧密协作来建立可行的服务边界，接下来通过轻量化协作验证边界的有效性。

协作模式可以同时加速应用侧和平台/基础设施侧的演进，这对于新产品或者新服务特别有用。

小贴士

在潜在的不够清晰的接口上协作，直到这些接口功能足够稳定。

临时改变团队交互模式以帮助团队积累经验和同理心

如果团队间的交互模式已经延续一段时间，需要引入一些改变，那么临时调整交互模式有助于团队成员更新和增长经验，并增进团队间的理解。Pivotal公司的Evan Wiley描述了当一个团队依赖于另一个团队时的情况，“团队间会进行人员交换，一名团队成员可能去另一个团队待上几天或一周，直到实现一个特性。”Heidi Helfand也提到，“有意识地安排团队调整，这给大家带来了学习新事物的机会。”

至关重要的是，这种改变是经过深思熟虑的（即便只是一段时间），并且获得了相关人员的赞同、理解和热情。Heidi Helfand的*Dynamic Reteaming*一书对如何平滑地改变团队给出了很多实用建议。

通过团队交互的难处来发现缺失的功能和不合适的边界

团队交互模式可用来探测和反映系统设计的问题并进行相应的改进。在代码部署至生产环境之前发现潜在的软件问题。

下面让我们来看两个例子。

1. 一个流动式团队把一个复杂子系统团队提供的计算组件当作某种服务来使用，但是团队花费了大量的时间与复杂子系统团队进行沟通，试图弄明白如何使用该组件。

2. 一个平台团队期望与一个流动式团队紧密协作，以便评估一项新技术，但没有得到流动式团队的积极响应。

在第一个例子中，我们知道服务交互不应该存在很多摩擦，偶尔进行少量沟通即可。如果流动式团队花费了大量时间来尝试使用一个组件，那么这就是一个不好的信号：组件的边界是否合理？组件API是否定义良好？组件是否简单、易用？复杂子系统团队中是否缺少了类似用户体验或开发者体验的能力？

在第二个例子中，平台团队期待和流动式团队密切沟通，因为他们想要使用协作模式来一起探索新的技术方案。这时候，团队间缺少沟通意味着流动式团队出现了问题：他们理解此时采用协作模式的价值吗？他们有能力推进协作吗？或许另一个团队更合适？团队协作的目标是不是定得太高了？

就像Don Reinertsen说的，“我们必须小心不同角色之间无人负责的空白地带。”

小贴士

领域驱动设计（Domain-Driven Design，DDD）技术，比如事件风暴和上下文映射，可以加速确定合适的边界。领域驱动设计详见第 6 章。

总结：三种良好定义的团队交互模式

一个现代、高效构建和运行软件的组织正是团队间交互的产物。然而，还是有很多组织没能搞清楚团队间交互的正确方式，从而导致了误解、烦恼、低效率等问题。简单地定义一组附带职责边界的团队是不足以支撑高效能社会技术系统的，还有必要定义合理和高效的团队交互模式。

在本章中，我们探讨了三种核心团队交互模式是如何满足组织中各类团队交互需求的。

- **协作**：两个团队在一段时间内紧密协作，共同探索新模式、方法和约束。团队共享职责、边界模糊，但问题得以快速解决，并且组织可以快速学习。
- **服务**：一个团队使用另一个团队提供的某种“服务”，比如一个服务或者 API。如果边界清晰，可以清晰描绘团队职责，则服务使用方团队能够做到快速交付，而服务提供方团队则努力让他们的服务变得尽可能简单、易用。

- **促进**：一个团队在一定的时间内帮助另一个团队学习和实践新技术方法。团队提供辅助，旨在让另一个团队实现独立工作，同时接受帮助的团队也要有开放的学习心态。

良好定义的团队类型和良好定义的团队交互相结合，可以为提升基于团队的组织效能、回避常见的团队分歧和冲突提供一条清晰、有力的方法。

第8章

8

根据组织感知进化团队结构

从来没有最好的设计，流行一时的系统概念也可能需要改变。因此，组织灵活性对于有效设计而言至关重要。

——梅尔·康威，摘自 *How Do Committees Invent?*

现代组织在应对快速变化的法规和市场情况、用户需求、不断变化的趋势，以及技术能力的重大转变等领域面临巨大挑战。一个成功的现代组织需要有能力通过面向适应性的设计来应对这些变化的环境。因此，在设计用于构建和运行软件系统的现代组织时，最重要的事情并非是组织自身的架构，而是当新的挑战出现时，用来适应和改变组织的设计规则和方法。也就是说，我们需要设计的是规则，而不仅仅是组织。

本章涵盖了一套现代软件驱动组织的设计规则，兼顾康威定律的内容、团队优先决策机制，以及第5章中介绍的四类基本团队拓扑。

什么样的团队交互是合适的

正如我们在第7章中提到的，有两种主要的团队交互模式。一种是协作模式，也就是两个拥有不同技能的团队一起工作；另一种是服务模式，也就是一个团队提供服务，一个团队使用服务，其中并不需要太多交互。必须强调的是，这两种模式并没有哪种更好、哪种更坏，只不过适用于不同类型的工作而已。

协作模式善于快速探索、避免手工移交和延迟，但其缺点是会带来更高水平的认知负荷。协作的任意一方都需要更加理解对方，因此团队成员必须记住更多内容。然而，如果组织想要快速创新的话，这种“协作税”是值得的。

相对来说，服务模式定义了更加清晰的团队边界。对于每个团队来说，不需要消耗太多脑力，所以团队的认知负荷相对较低。从整体来看，服务模式下团队创新会显著变慢，因为团队间的交互是通过一种清晰的API来定义的，这也就限定了交互的可能性。服务模式最适合可预期的交付而非快速探索等更重要的场景。

这种方法在*Accelerate*一书中关于高效能组织的最近研究中得到了印证。

> 在架构能力方面得分较高的团队，一般来说也带来了高效能，交付团队为了完成他们的工作仅需要少量的沟通，系统架构也被设计为易于团队测试、部署和变更而不用依赖于其他团队。换句话说，架构和团队都实现了松耦合。

小贴士

通过限制任何团队交互来识别有价值的活动。

协作是一件昂贵的事情。没必要的协作尤其昂贵，特别是这种协作可以通过底层平台或者能力来屏蔽依赖。因此，任何对外协作必须事出有因，是有价值的探索、有价值的能力建设或者有价值的弥补缺陷的活动。

为了达到高效能组织的水平，明确何种程度的团队交互水平是至关重要的。团队A是否应该不费什么力气就能使用团队B提供的服务？如果应该如此但实际却做不到，那么团队A是否应该同团队B开展短期协作（比如三周或者三个月？）来更好地定义团队B的API，以便团队A能够以一种“服务化”的方式来使用？明确要在哪些部分开展团队协作，始终记得协作会趋向于模糊团队A和团队B之间的系统各部分的边界。

案例学习：uSwitch 采用 Kubernetes 来驱动组织变革

uSwitch 工程主管 Paul Ingles

uSwitch 消费者点评服务的 Paul Ingles 描述了在经历多年复杂、缓慢的增长后，他们意识到开发团队必须要理解非常多底层技术栈才能达到合理的效率水平。

我们需要一个平台来抽象和最小化开发团队的认知负荷。于是，他们采用了一种新型的云基础设施 Kubernetes 来实现这种转变：“我们并不是为了使用 Kubernetes 才去改变组织，而是因为我们想要改变组织，所以才使用了 Kubernetes。”

这种有意识地通过改变团队交互模式来倒逼交付能力发生根本性变化，是强有力的策略技术领导力的本质。

加速新实践的落地和学习

有意地将两个团队的交互模式转变为协作模式，对于组织快速学习和采纳新的实践和方法来说是一种强有力的武器。如果一个团队在某些有价值的实践领域拥有丰富的经验，比如说自动化测试，可以让另一个团队收益，那么将两个团队采用协作模式组织在一起几个月，不仅可以改进和定义团队间的API，还能帮助第二个团队实现能力上的跨越式改变。这种有意为之的协作，在两个小组拥有不同领域的经验时，特别有效，因为他们围绕各自的技术栈都拥有通用的实践方法。

考虑到一个善于使用云开发软件的团队正在构建某种云托管的指标集合和分析软件，可通过运行在物联网设备群上的嵌入式软件收集使用数据（参见图8.1）。让云团队和嵌入式软件专业团队在一起协作，由于嵌入式团队的经验更加接近底层，因此这不仅可以帮助两个团队更好地理解跨嵌入式和云技术栈的挑战，也同样有助于构建更好的自动化测试能力。

云团队可能会将测试环境视为短暂和动态的，可以帮助嵌入式团队采用更加灵活的方式来测试。作为回报，嵌入式团队可以帮助云团队理解嵌入式物联网设备的内存和处理限制，从而调整他们的代码和协议来更好地适配有限的硬件能力。

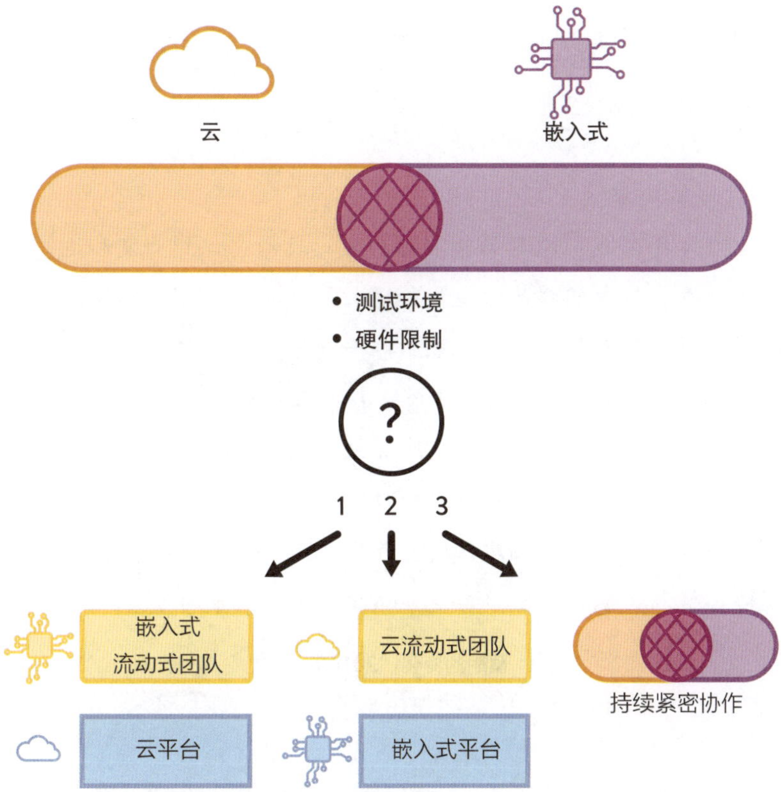

图8.1　云团队和嵌入式团队的协作

云团队和嵌入式团队通过协作来分享实践并增进了解。这对于未来团队交互意识的提升有明显帮助：（1）嵌入式团队将云软件视为平台来使用；(2)云团队将嵌入式设备视为平台来使用；（3）持续紧密协作。

这段团队协作的经历同样可以帮助组织评估云软件或者嵌入式设备能否被视为平台，以及平台团队提供的相应行为。当然，另一种选择是让团队继续协作，可能通过一个赋能团队来进行协调。随着协作的推进，团队可能会发现他们各自的变化节奏逐渐一致，从某种意义上看，他们可能会决定构建一种结对模式的团队，两者的流程都是一致的。

案例学习：TransUnion 团队拓扑的演进（第 2 部分）

TransUnion 平台开发经理 Dave Hotchkiss

（接第 4 章）

2014 年，我们刚开始转型的时候，我们意识到开发和运维团队之间存在巨大的鸿沟。我们知道，一个独立的布道师团队可以将开发、运维人员更紧密地联系在一起；但是在这个案例中，我们决定采用两个团队，因为这个鸿沟实在是太大了。

在开发侧，我们创建了一个系统开发团队（SB），而在运维侧创建了一个平台开发团队（PB）。接下来，我们集中精力让这两个团队紧密协作，相比让所有开发（Dev）和运维（Ops）团队都协作起来（参见图 8.2），这显然是一个更简单的方案。

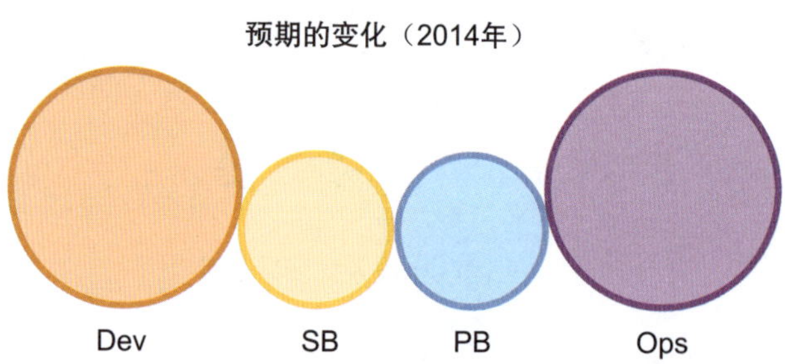

图8.2　TransUnion的系统开发团队和平台开发团队

开发侧的系统开发团队和运维侧的平台开发团队密切交互。

受到 DevOps 团队拓扑模式的启发，我们制定了团队演进的时间表。我们希望从开发团队的内部意识和可运维性起步，所以一开始我们决定让系统开发团队同时和开发团队、平台开发团队紧密协作。这的确有助于改进一些事情，比如自动化部署、度量、日志和其他运维部分（参见图 8.3）。

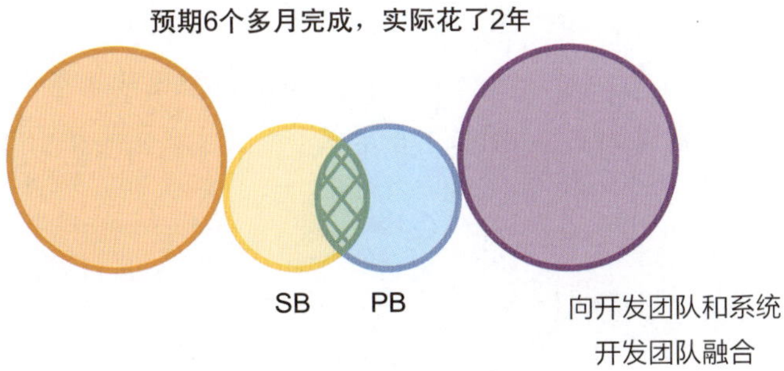

图8.3　TransUnion的系统开发团队和平台开发团队的协作

系统开发团队和平台开发团队紧密协作。

早在2014年，我们就希望能在12个月内将系统开发团队和平台开发团队发展成一支优秀的赋能团队。当我们开始将服务迁移到Azure上时，这个过程比我们最初想象的要长得多（多了三年！），到2018年年初，我们才完成了这项工作（参见图8.4）。给业务带来的好处很明显：更安全、更有节奏的生产变更、更少的部署失败及更优秀的变更追溯能力，最后这一点对于TransUnion所运营的受高度监管的金融部门来说是必不可少的。

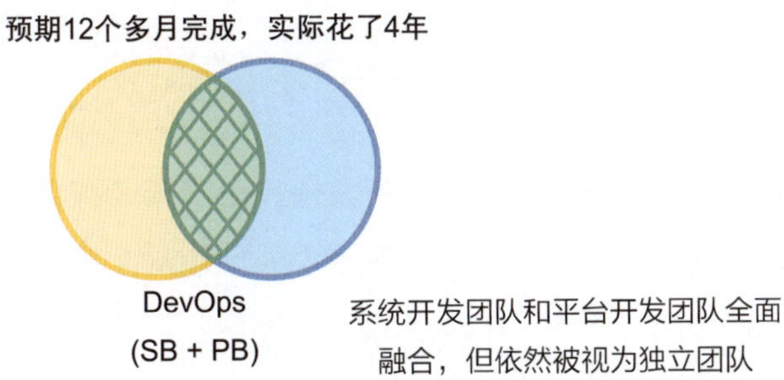

图8.4　TransUnion系统开发团队和平台开发团队的融合

系统开发团队和平台开发团队的融合促进了开发和运维的融合。

到了2018年年底，我们更进一步，最终将系统开发团队融入了开发团队，将平台开发团队回归运维团队，这样做带来了更高水平的运营意识和团队责任心，并且交给运维团队来管理底层平台，这些战略基础设施都运行在 Azure 云上（参见图 8.5）。

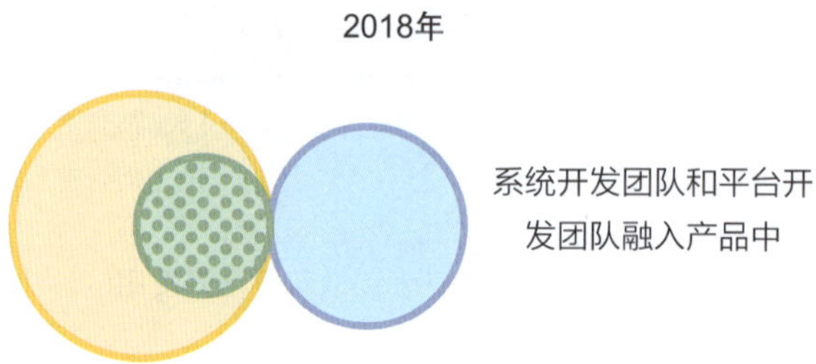

图8.5 TransUnion的系统开发团队和平台开发团队回归开发侧和运维侧

系统开发团队和平台开发团队回归开发侧和运维侧，提供平台即服务的能力。

我们早就意识到，这种团队演进对于成功非常重要。这会花费一些时间，但是清晰和不断变化的职责边界可以帮助大家理解自己在这一过程中充当的角色。

第8章

团队拓扑结构的不断演进

协作模式代价高昂但有利于发现新方法，服务模式有利于可预期的交付，因此可以根据不同的软件系统领域和各个团队的情况来设置团队模式。但是当需求和操作环境变化时会发生什么呢?

不同团队的交互模式应该不断演进，这取决于团队需要实现什么目标。如果一个团队需要研究部分技术栈或者逻辑域模型，而这些恰好被另一个团队所掌握的话，那么他们应该在特定时间段内采用协作模式。如果一个团队希望采用其他团队成功探索出来的新方法来提升交付的预期性，那么他们就应该摆脱协作模式而转向服务模式，从而定义团队间的API。

通过这种方法，团队应该在一段时间内采用哪种交互模式，这取决于他们要实现的目标。当然，康威定律告诉我们，与采用服务模式的团队相比，快速探索和学习作为协作模式的一部分，软件的职责和架构更有可能“混杂在一起”。既然预料到了这类模糊的问题，那么某些陈旧的团队交互（比如没有良好定义的API等）就可以通过收紧API并转向服务模式来避免。

团队拓扑从紧密协作到有限协作再到服务模式的演进过程可以在图8.6中查看。

图8.6　团队拓扑的演进过程

团队拓扑从紧密协作到有限协作，再到建立服务模式，实现可预期的交付。

随着探索过程中对技术和产品理解得更深入，团队起初的紧密协作逐步演变成有限协作。一旦产品或服务的边界被界定，那么团队会进一步演变为服务模式。

在一家大型企业中，这种“探索到建立”的模式在不同团队、不同开发阶段不断上演。同一时间会有多个探索活动，与此同时其他团队可以受益于良好定义的API，从而实现服务的使用，如图8.7所示。

在某些组织中，很多团队采用协作模式，他们基于一种不变的基础运转，特别是在创新程度非常高的组织中。其他类型的组织可能更趋向于服务交互，因为他们已经清晰定义了问题域，并且绝大多数时候在良好共识的业务领域上运行。这里的关键点是，团队需要根据他们要达成的目标来采用不同的交互模式。

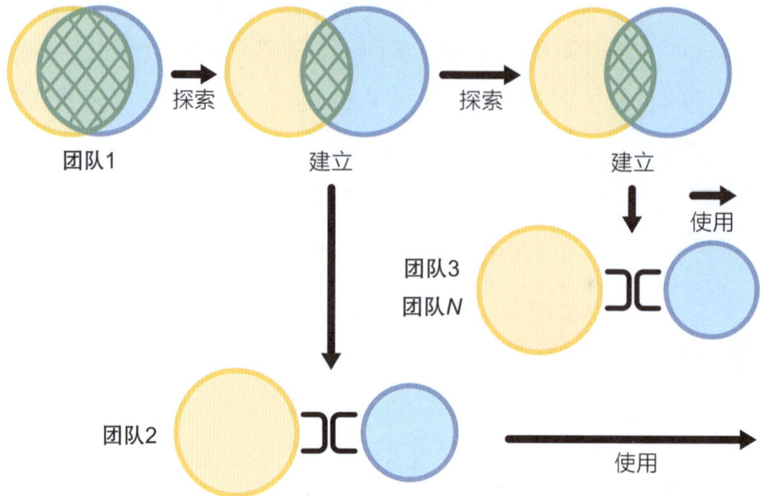

图8.7　企业中团队拓扑的演进过程

团队1不断地与平台团队协作，探索新的模式和采用新技术的方式。这种探索活动最终使得团队2采用服务模式构建与平台团队的关系。而团队3及之后的团队就可以使用最新版本的平台，从而实现服务化而不需要与平台团队紧密协作。

最终，通过预期和鼓励团队交互，根据特定原因在协作模式和服务模式间灵活调整，从而使得组织更敏捷。

保持组织中的团队关系被良好定义，为Jeff Sussna提出的面向内外部环境的“持续设计能力”提供了动态基础。这种动态重塑提供了一种关键的战略能力。组织变革专家John Kotter说道：“我认为（战略）是一个持续不断的‘探索、实施、学习和变更’过程。组织运用战略能力的次数越多，就越能熟练地应对超竞争环境。”

第8章

小贴士

在不同时期为组织的不同部分设计不同的团队拓扑，以适应团队目标和环境。

我们已经明白团队交互应该随时间的推移而演进，这取决于团队正在做什么。在探索阶段，需要某种程度的协作，但过于紧密的协作通常不能扩展到整个组织。组织的目标应该是建立一种良好定义、功能强大的平台，从而让很多团队能够简单地使用服务。

随着时间的推移，新的商品服务和平台不断出现，组织应该致力于从探索活动转变为建立可预期的交付模式。对组织来说，这意味着组织内不同团队成员的经验会因为在特定的时间点所从事的工作不同而有所不同。并非所有团队都会以同样的方式与其他团队交互，而这正是我们所追求的。

根据团队正在从事和努力达成的目标，在不同时间，组织的不同部分会演变成不同拓扑和团队交互模式。组织必须扪心自问："我们是否在努力探索新事物？我们需要多快才能发现它们？"有时候，需求将人员聚集在一起，比如同一张桌子或者同一栋大楼的同一层，从而产生一种接近感来鼓励协作。在另一些时候，团队需要转移到不同楼层，甚至是不同的大楼，以帮助建立一种API边界，在沟通方面，一定的距离感会有所助益（参考第3章以获得更多有关办公室布局的信息）。

组织内的团队拓扑会在几个月内缓慢变化，而不是每天、每周都在变化。在几个月的时间里，应当鼓励团队交互模式发生变化，同时软件架构也应该随之发生改变。

案例学习：Sky Betting & Gaming 公司平台特性团队（第 2 部分）

Sky Betting & Gaming 首席架构师 Michael Maibaum

（接第 5 章）

平台的演进已经达到一个临界点，我们必须做出选择：我们可以解散团队，让每一个大型产品团队对他们自己的配置管理负责，也可以试图寻找如何更有效地支持这些团队的方法，帮助他们实现更快的交付速度和更可靠的质量。

我们认为平台演进团队需要改变，组建一个具备服务和支持能力的产品团队，从而思考和设计如何将他们当前所承担的工作转变为一种服务，提供给其他团队使用。简而言之，团队必须更加聚焦于驱动业务价值的特性。

平台演进变成了平台服务，并且以一种不同的视角来开展工作。他们的任务是提供可以支持其他团队的服务，所有的特性和能力都由用户来驱动。换言之，平台服务变成了产品驱动的团队。

伴随着拆分主体服务的工作，平台服务开发了一系列用户导向的服务，为团队提供中心化的增值服务，包括集成AWS、构建和测试环境、日志平台等。在每种情况下，平台服务都提供了团队需要的基本功能（理论上可以自行建立），并提供了与之等价的托管服务。平台服务花费了大量的时间来提供定制化的适配，以满足交付团队的需求，让标准化工具在SB&G环境中更具价值，也更易使用。与此同时，为业务节省了大量重复解决方案的开销。

在此期间，平台演进/服务与内部软件团队紧密配合。经常会出现关于合理的职责边界的争论，特别是在基础设施团队和平台服务团队之间。平台服务构建了类似防火墙和自动化负载均衡器等工具来满足日益增长的AWS使用需求、秘钥管理和PKI，但他们经常纠结于自己和基础设施团队间的组织边界。问题在于，基础设施应该承担多少"平台层"的职能。更加微妙的是，他们的组织方式是否满足支持产品的需要？

说到这里，我们发现这与基础设施团队内部所讨论的有关他们应该如何组织的话题如出一辙。基础设施是业务中最后一个重要职能，在团队中有明确的交付和操作划分，并且致力于尝试不同事物。基础设施围绕产品和服务进行了重组，小团队可以独立管理一连串相关事物的完整生命周期，并且有动力围绕业务让他们的用户更加满意。作为转型的一部分，平台服务无论作为独立于基础设施和其他技术团队之间的团队，还是基础设施职能的一部分，都毫无疑问地非常适合。

比如，负载均衡和防火墙自动化等服务在我们的一个网络相关小组中找到了更自然的位置，其中部分依然留在两个平台服务小组中，即平台工程团队和交付工程团队。我们让自动化工程师加入基础设施小组，以开发从未有过的功能和服务，并且开发了一种基础设施产品功能，以支持团队参与更加广泛的业务。

我们现在有了基础设施平台功能团队，类似于客户导向的产品特性团队。虽然这种改变并不简单，也充满了挑战，但从参与度、主人翁意识及与其他业务领域减少了摩擦来看，这是一种变革型的改变。对于其他业务领域来说，他们很清楚该同谁交流，团队在做什么以及为什么、何时这么做，因为这些通通属于“基础设施”。

组合团队拓扑追求更高效

在任何时候，组织内的不同团队都有不同的交互和协作需求。不同类型的团队拓扑应该同时存在。团队间一定程度的协作是合理的，但是协作通常难以在组织内扩展，随着团队规模的扩大，将其当作一种服务则更加有效。

比如，我们有四个流动式团队来开发软件系统的四个不同部分，其中一个团队在与平台团队协作探索新的日志技术，而其他三个团队则仅仅是把平台团队视为服务。

如果放在一张图表上看，交互可能是类似这样的：第一个流动式团队与平台团队存在协作交互，团队围绕新的技术方法展开协作并且快速学习新技术，得到了平台团队的支撑；其他三个流动式团队将平台视为服务，也得到了平台团队的支撑。这种不同的交互反映了流动式团队所承担的工作特质，以及在他们所构建的软件中体现的交互类型。

在这个例子中，总共有三种不同的团队交互同时发生：流动式团队获得了赋能团队的促进，其中四分之三的流动式团队与平台团队采用服务方式交互，剩余的一个流动式团队则采用协作交互与平台团队共同进行探索性工作。

由于交互模式清晰而明确，并且符合预定义的目标，组织中不同团队的成员能够明白为什么他们在与不同团队交流时采用不同的方法。这有助于提升团队的参与度，并且使团队将交互中的摩擦视为一种信号来检测一系列问题。我们将在下一部分研究更多这类信号。

团队拓扑演进的触发器

根据第5章的内容，将某一时间点上的组织结构映射成四类基本团队拓扑并不是一件困难的事情，真正困难的是让这些有需要的组织自己意识到是时候改变团队结构了。有一些场景可以起到触发器的作用，以帮助组织内部重新设计团队拓扑。认识到这点将有助于组织根据自己的需求持续实践和演进组织结构。

触发器：软件对于一个团队来说太大了

现象

- 一家初创公司成长至 15（邓巴数字）人以上。

- 其他团队需要花很长时间等待一个团队完成变更。
- 更改系统某个特定组件或工作流的任务始终被指派给同一群人，即便他们非常忙碌，甚至不在公司。
- 团队成员开始抱怨缺少系统文档。

场景

一款成功的软件产品总是会变得越来越复杂，这是因为不断增加的新特性和越来越多的产品用户。在最开始，有可能产品团队中的每一个人都对整套产品代码有所了解，但随着时间的推移，这会变得越发困难。

这通常会导致团队根据不同的系统组件演变成细分专业领域团队（通常是不言而喻的）。这样一来，某个特定组件或工作流的变更需求总是会被分配给同一个（或一些）团队成员，因为相比其他团队成员，他们能够更快速地完成任务并交付。

这种专业化的强化循环是一种局部优化（快速完成需求交付），通常会给团队的整体工作流带来负面影响，因为工作计划是根据“谁了解什么事情”而并非“我们现在必须要处理的最高优先级任务是什么”制订的。这种专业化造成了交付瓶颈（正如《凤凰项目》和《DevOps实践指南》一书中所述的）。这种例行任务同样会对个人的积极性产生负面影响。

另一方面，当团队不再对系统具备全局视角时，就失去了能够认知系统已经变得太大了的自我意识。同时，系统大小与代码行数和特性存在一定的相关性，这也带来了认知容量上的限制，以至于难以通过最有效的方式完成系统变更，这一点也值得关注。

触发器：交付节奏开始变慢

现象

- 团队成员直观感受到交付变更比以前慢了。

- 团队效率和吞吐量指标相比去年呈现明显的下降趋势（很多因素会影响这个指标，需要确认这不是一个偶然现象）。
- 团队成员抱怨交付过程曾经很简单和仅需要几个步骤。
- 在制品数量持续走高，大量变更任务在等待另一个团队的行动。

场景

对于一个长期合作的高效能产品团队来说，他们应该能够持续改善交付节奏，发现更有效的工作方法并消除交付过程中的瓶颈。然而，让这些团队不断成长的前提是赋予他们对于产品完整生命周期的自主性。这意味着没有对外部团队的强依赖，比如等待另一个团队构建新的基础设施。使用内部平台来实现自助申请新的基础设施是一种弱依赖（比方说自服务基础设施环境是由平台团队维护的。）

在很多组织中，团队自治是很难实现的。事实上，反例倒是比比皆是：通过引入新的团队间强依赖来降低自主性。比如，为了提升测试覆盖率而建立质量保障（QA）团队来负责所有产品的测试活动，从理论上讲，将工作分配给测试人员会更高效。然而，这种做法并不值得推荐，因为引入了一个“职能竖井”，也就是说，所有软件交付团队都需要等待质量保障团队来测试他们的变更。

21世纪10年代出现的DevOps特别指出了开发和运维团队之间的区别，对于任何在产品交付生命周期中插入的竖井团队而言都存在相同的问题，无关大小。

值得关注的是，持续累积的技术债也会拖慢交付过程。也就是说，代码变得极其复杂，哪怕一个很小的改变都成本巨大，并且经常导致质量回退。这意味着，相比最开始的代码来说，团队要花更多的时间来开发和稳定功能。

触发器：多种业务服务依赖于一个大型的底层服务

现象

- 流动式团队对所服务领域全流程的可视化能力被限制了。
- 集成子系统的数量和复杂程度使得难以顺畅和快速地交付变更。
- 试图重用已有服务和子系统变得越来越具有挑战性。

场景

在一些高度合规的行业内，比如金融、保险、法律和政府机构等，多种复用的上层业务服务有可能会依赖于一个大型独立底层服务、API或者子系统。例如，保险公司可能需要对工厂机器进行长期物理检查，以便提供最新的保险报价；银行可能需要等待地址证明文件的送达，才能开设一个新的银行账户。这些上层业务服务所依赖的下层系统提供了专门的支付机制、数据清理、身份验证、后台法律检查等服务，每一项服务都依赖于多个团队来维护。业务流程管理（BPM）增加了机器学习能力，可以自动化完成部分工作，但参与其中的团队仍然需要配置和测试BPM工作流场景。其中部分服务和子系统属于自建系统，但另一些由外部供应商提供。

为了交付有用的业务价值，上层工作流需要与很多下层服务集成（属于企业服务管理领域）。如果工作流需要同每个底层服务单独集成，那么会给评估工作流效率和长期运行进程的错误诊断方面带来挑战，因为这依赖于人工决策输入。比如，底层服务可能没有暴露追溯机制，或者每个服务都有单独的方式来识别事务。

有两种方法来解决这类多服务集成问题。（1）将下层服务和API平台化并组成一个“平台包装”，对流动式团队提供一致的开发者体验，比如提供问题追溯关联ID、健康检查端点、测试装置、服务级对象和诊断API等。这个“外部平台”依然基于下层平台构建，但对于流动式团队而言屏蔽了细节。（2）让流动式团队负责每一项上层业务服务，对运维指标和错误诊断负责，构建和开发“恰到好处”的集成指标和诊断能力，有助于问题发生时进行诊断。控制监控和诊断使得流动式团队可以追溯和改进他们自己的工作流（参见图8.8）。

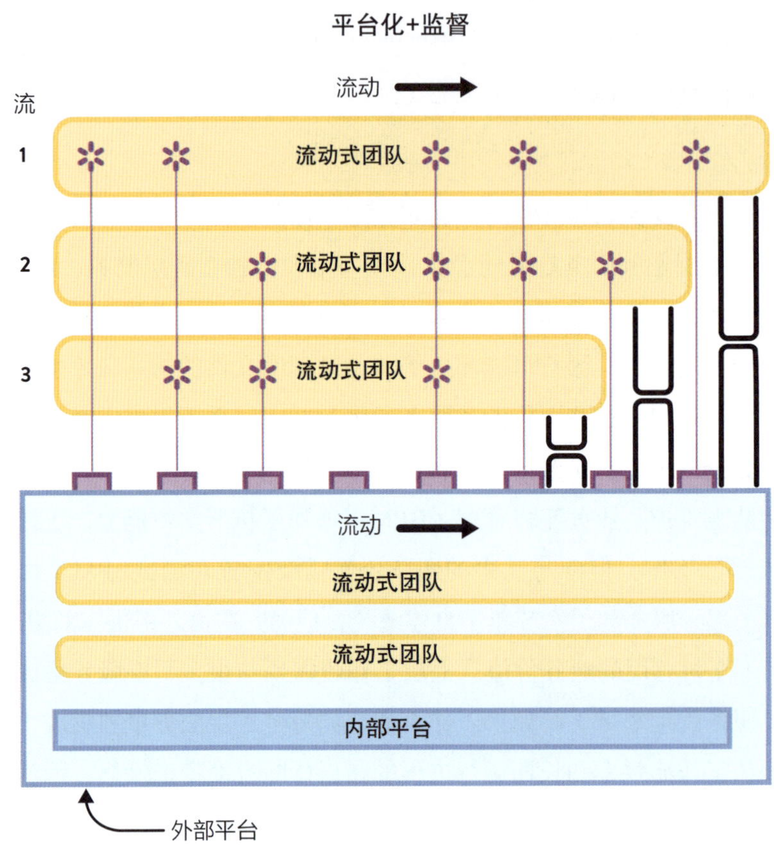

图8.8　一个“平台包装”的例子

使用“平台包装”来平台化下层服务和API，可以提升上层业务服务方面的流程可预测性，因为团队可以将所有的依赖当成一个单一平台，拥有完整的生命周期和连贯的开发者体验。同时，团队也拥有丰富的指标来跟踪流程及平台使用的资源。

作为每一项上层业务服务监控指标的一部分，由每个流动式团队构建并负责：（1）一种轻量级的数字服务，通过平台调用不同的底层服务和

API，提供一致的日志时间戳、一致的关联ID、请求/响应识别和记录等；（2）数字服务的日志、指标和可视化看板，允许所有业务侧被协调和追溯（即便平台侧最初的可视化程度是可变的）。

为了支持可持续和可预测的上层业务服务工作流，平台必须围绕平台服务改进开发者体验，这包括日志、指标、看板、关联ID等的一致性和标准化，这样才有可能在流动式团队开发数字服务时实现高可追溯性。

自组织设计与开发

由于历史原因，很多组织将开发和运维视为软件交付的两个不同阶段，很少交互，运维侧也基本不会为开发侧提供反馈。现代软件交付必须采用一种完全不同的方法，即软件运维需要为开发活动提供有价值的信号。将运维当成对开发的输入传感器，建立一种可控的反馈系统，这使得组织实现自组织。

将团队间的交互视为感知和信号

良好定义且稳定的团队可以有效地管理软件系统的不同部分，并使用清晰的沟通模式进行交互，组织就可以激活一种强大的策略能力：组织感知。

组织感知使用团队及其内外部的沟通作为组织的“感官”（视觉、听觉、触觉、嗅觉和味觉），德鲁克称之为“对外的合成感觉”。如果没有稳定和强大的神经传导路径，生物就无法有效地感知事物。为了感知事物，生物需要已定义和可信赖的传导路径。类似地，团队和组织间定义清晰和稳定的传导路径能够收到组织内外部的信号，从而成为一种近似生命体。

许多组织中缺少稳定和健康的团队，往往依赖于关键个体，压制普通大众的声音，实际是无感知的，这既包括字面上的意思，他们无法感知所处环境，也包括他们的所作所为毫无意义。当变化速度以月或者年来衡量时（过去就是这样的），组织可以在非常缓慢和有限的环境感知下进行管理，但是在如今的网络连接的世界里，高度精准的感知对于组织存亡至关重要，类似于动物和其他生命体需要感知才能在高度竞争及动态的自然环境中幸存下来。

组织不仅需要高保真地感知事物，也需要做出快速响应。生命体通常拥有特殊器官（眼睛、耳朵等）来进行感知并且对输入做出响应（四肢、身体等）。不同团队能够感知到的信号种类会因为团队的职责及他们与内外部用户、团队之间关系的紧密程度而大相径庭，但是每个团队需要有能力向组织提供有效输入，并且通过调整团队间的交互模式来对这些信息做出响应。

幸运的是，我们拥有现代数字化工具，可以帮助我们完成这项被Naomi Stanford称为“环境扫描”的任务。丰富的数字化监控指标和日志可以帮助团队实时感知软件系统的健康程度和性能。同时，轻量级的、拥有成千上万物理节点的互联网设备（物联网和第四次工业革命等）也提供了常规的传感数据。

那么组织究竟需要感知什么样的事物呢？以下这些问题可以帮助组织探寻答案。

- 我们是否误解了用户需要的行为？
- 我们是否需要改变团队交互模式来增强组织的工作方式？
- 我们是否依然需要内建系统？我们是否应该从外部供应商处租赁服务？
- 团队 A 与团队 B 之间的紧密协作是否依然高效？我们是否需要转向服务模式？
- 团队 C 的工作流是否一如既往的顺畅？有哪些阻碍因素？

- 平台是否为团队 D、E、F、G 提供了他们所需的一切服务？在某一周期内是否需要一个赋能团队？
- 团队间的承诺是否依然有效并且可达成？我们需要做出哪些改变来让这些承诺更现实？

将IT运维视为对开发的高价值输入

快速行动依赖于环境感知的反馈，为了保持软件快速变更，组织必须在组织感知和控制方面加大投资。其中一个关键的感知反馈领域是，把IT运维团队视为一种对开发团队的高保真输入，这依赖于运维系统团队（运维）和构建系统团队（开发）更加紧密的沟通。遗憾的是，很多组织阻碍了快速和安全的行动。Sriram Narayan提道："项目负责人试图让低成本人员团队来承担维护工作，以此来降低成本。这是错误的经济理念，损害了业务产出，也降低了IT的敏捷性。"

与试图在所谓的"维护"工作中优化最低成本不同，组织将来自维护工作的信号作为软件开发活动的输入是非常必要的。在《DevOps实践指南》一书中，Gene Kim和他的同事定义了现代、高效能组织的DevOps三步工作法。

1. **系统思考**：面向整个组织优化快速流动，而非进行局部优化。
2. **反馈环路**：运维通知和指导开发活动。
3. **持续试验和学习的文化**：对每个团队交互进行感知和反馈。

其中的第二步和第三步依赖于运维和开发之间有效的沟通路径。如我们在第5章中提到的，让开发和运维处于同一团队是让开发和运维之间保持持续、高保真的信息流动的最简单的方法之一，或者至少让他们作为一对流动式团队来使相同的变更工作流保持一致、共同应对运维事件。对于那些还没有切换到这种模式，拥有独立运维团队的组织来说，最重要的就是建立和培育开发和运维之间的沟通路径。这提供了高保真的运维领域信息，比如可运维性、可靠性、可用性、安全性等，使得开发团队能够确定正确的软件设计，降低运维成本并提升可靠性。

将运维视为对开发的输入需要彻底地重新思考这些长久以来独立存在的岗位职责。*Designing Delivery*的作者Jeff Sussna是这样描述的："业务通常将运维看作设计的结果，为了做到同理心，你必须有能力去倾听。为了倾听，你需要来自运维的输入。于是运维就变成了设计的输入。"

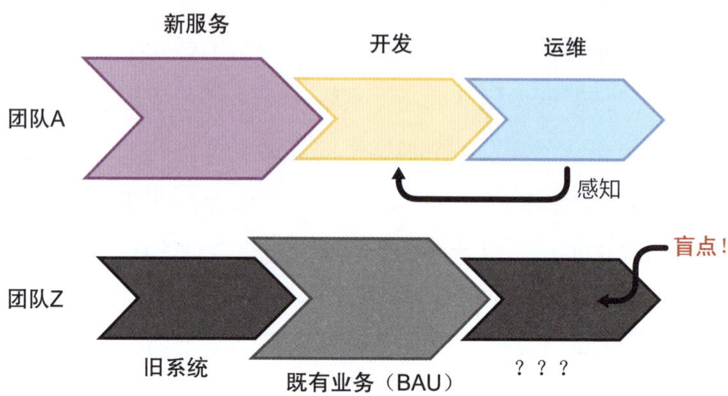

图8.9 新服务和既有业务团队

独立团队负责新业务，既有业务阻碍了学习、改进和自组织能力，这是一种非控制方法。

如Jeff所述，此处的目的是让正在构建的软件和服务的各个用户组之间产生共鸣。通过培养用户的同理心，我们可以改进与他们的交互模式，增强他们的体验，更好地满足他们的需求。

慢慢地，软件不仅是一款"产品"而更多的是与用户"进行的对话"。为了让这种对话成功且有效，组织需要"长期关怀"软件。设计和构建软件的团队需要参与到软件的运行和运营活动中，以便更有效地在一线构建软件。这些提供"设计和运行"长期关怀的团队同样需要对软件服务的商业可行性负责，否则决策就像在真空中完成，远离了财务现实。

我们要如何鼓励团队在交付一个特性很久之后还能继续关注软件产品呢？其中一个最重要的改进维护连续性的变化就是避免"维护"或者"既有业务"（BAU）团队的职责仅仅局限于维护已有的软件系统。*Agile IT Organization Design*一书的作者Sriram Narayan提道："独立的维护团队和矩阵型组织……有悖于响应能力。"如果将维护工作从最初始的设计工作中剥离，运维到开发的反馈环路就会被打破，任何本应在软件设计方面产生的软件操作影响都会丢失（参见图8.9）。

面向新服务和既有业务（BAU）建立独立的团队也会阻碍这两方之间的学习。新服务团队乐于尝试新的技术和方法，但却看不到这些方法是否有效。这些新的技术和方法也许是有负面影响的，但团队缺乏动力去关心结果，只有既有业务团队才会感受到这些糟糕选择的痛苦。不仅如此，既有业务团队几乎没有可能为已经存在的软件应用新的监控技术，这导致他们对那些代表用户开心与否的潜在指标信号没有察觉。

相反，让一个团队同时负责新服务和既有业务系统则有效很多。这可以帮助团队引入新系统的监控技术，并且提升组织感知环境和自组织的能力，由此也可以提高旧系统的信号质量（参见图8.10）。

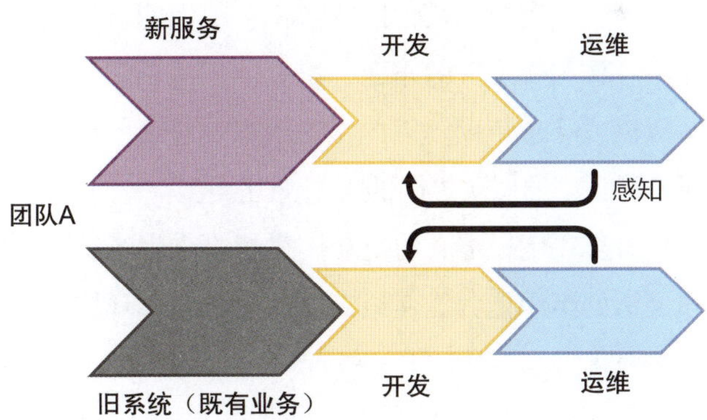

图8.10　新服务和既有业务并启

维护旧系统的控制方法是由一个流动式团队（或一组团队）开发和运行新服务和旧系统，使团队能够将更新的监控技术应用到旧系统，并增加两个系统的精确感知。

实际上，每个流动式团队都应该在构建和运行新系统之外负责几个旧系统的运维服务。这会帮助他们了解更广泛的用户和系统行为，并且避免重蹈覆辙。

为了从一线生成和接收高保真信息，操作系统、专业化人员是必不可少的。这意味着与过去雇用多少IT运维团队相反，IT运维人员需要快速、准确地识别和分类问题，为专注于构建新特性的团队提供准确、有用的信息。IT运维服务台不应该只雇用最初级的工作人员，而应雇用一些有经验的工程师来专职或配合初级工作人员。

总结：持续进化团队拓扑

技术、市场、用户需求及监管要求的快速变化意味着成功的组织需要定期适应和发展其组织结构。然而，构建和运行软件系统的组织需要确保他们的团队交互能够按照流程、康威定律和团队优先方法（包括团队认知负荷）进行优化。通过部署四类基本团队拓扑和三种核心团队交互模式，组织可以在持续的基础上为他们的团队获得至关重要的明确目的。团队懂得如何、何时及为什么需要与其他团队协作，他们应该如何、何时及为什么使用或者提供“作为服务”的东西，以及他们应该如何、何时及为什么向另一个团队提供或寻求帮助。因此，当组织响应新的挑战时，组织应该期望随时看到不同类型的团队之间的不同交互类型。

良好定义的团队和良好定义的交互模式的组合为组织适应内外部变化提供了强大和灵活的组织能力，使组织能够“感知”环境、变更活动，并专注于适应这些变化。

结论

下一代数字化运营模型

> 打造小而有力的组织对于效能方面的第二个影响是，加快了采纳新信息的速度。
>
> ——John Roberts，摘自《现代企业》

大多数组织都被软件交付问题困扰了多年，也就是新技术预期能解决问题但很少（或者从来没有）真正做到。这些问题包括游离的团队、技术和市场方面数不清的变化所带来的惊喜、与康威定律背道而驰、软件成长超出团队能力范围、说不清的组织设计选项和交付框架、团队牵扯进太多方向、几年一次的痛苦重组，以及落后的变更流程。并非所有组织都存在以上这些问题，但或多或少存在一些，甚至大多数都有，尽管来来回回付出了很大的努力想要解决它们。那么，究竟这些问题的本源是什么呢？

之所以如此多组织都在经历这些软件交付问题的原因在于，绝大多数组织都不具备有助于软件开发的组织模型。过度追求"特性交付"而忽略了现代软件中人和团队的动态性，导致了员工参与度的下降，特别是在认知负荷已经过载的情况下。

康威定律的真实内涵被绝大多数组织完全忽视了，最好的情况下会导致架构选型方面的意外，最坏的情况下当组织花费时间和精力与同态力作战时会产生显著的摩擦。同样地，很多组织并没有意识到拙劣的“重组”如何摧毁组织创新和可持续软件交付方面的策略能力。

对于团队模型和规模化交付框架方面，由于缺少明显的差异，往往导致决策困难。不仅如此，团队的行为模式并不明确，使得团队不知道该如何与其他团队有效交互。由此带来要么过紧的团队内耦合，要么某种程度上的孤立自治，从而无法实现真正有效的扩展。

《高效能团队模式》通过在软件交付方面推进团队优先方法，并且以四类基本团队类型、三种团队交互模式、交付过程中的应用之道来增强组织对周边的感知，这样有助于解决以上提及的问题。实际上，《高效能团队模式》呈现了一套良好定义的团队间交互方法，帮助软件架构变得清晰和更持续，将团队间存在的问题转化为有价值的信号，从而驱动自组织企业。这些都汇总在图9.1中。

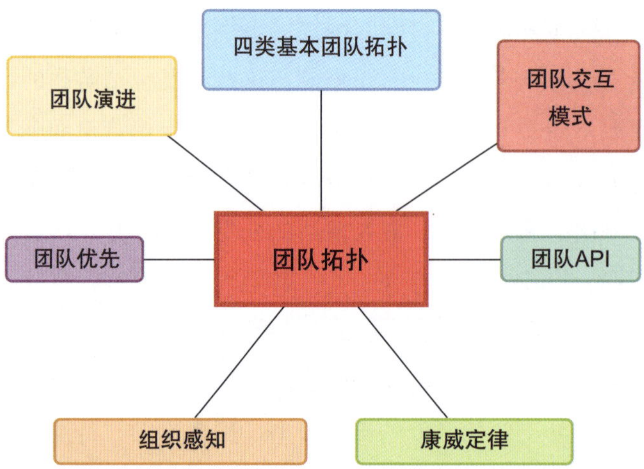

图9.1　团队拓扑的核心概念

四类团队类型和三种交互模式

构建和运行软件系统可以仅仅通过四类团队类型来实现。其他团队类型对组织来说反而是有损害的。

四类基本团队拓扑如下。

- **流动式**：团队聚焦于业务变更主流程，具备跨职能技术，并且不需要等待其他团队，就能够交付大量的增量。
- **平台**：团队开发底层平台来支持流动式团队的交付。平台在简化复杂技术的同时降低了使用它们的团队认知负荷。
- **促进**：团队通过一段时间的转型和学习来辅助其他团队实践和变更软件。
- **复杂子系统**：团队专注于一个特定的子系统，这些子系统对于普通的流动式团队和平台团队来说过于复杂而难以掌握，仅在真正必要的时候才会使用。

这些特定的团队类型组合起来足以满足快速、高效交付软件的需要。然而，四类基本团队拓扑之间的交互模式对于理解和促进高效软件交付同样至关重要。

- **协作模式**：两个团队共享目标，特别是在探索新技术或方法的时候，对于快节奏的学习来说，这种投入物超所值。
- **服务模式**：团队使用其他团队提供的诸如 API、工具或者全套软件产品，协作是最小化的。
- **促进模式**：一个团队（通常是赋能团队）促使其他团队学习和实践新方法。

这三种核心交互模式之外的团队交互是一种浪费，也说明了团队职责边界及理解团队目标方面存在偏差。

团队优先思维方式：认知负荷、团队API、团队规模架构

为了让目标更清晰、团队职责边界更明确，需要选择一种基本团队类型和交互模式。团队拓扑将“团队优先”的方法更进一步，通过引入额外的团队相关指导原则，帮助软件交付变得更加可持续。

团队拓扑方法将团队视为交付的基本要素，团队可不仅仅是某位经理带领的一群个体，而是一个关注团队成长、目标、使命和合理自治的实体。团队共同成长和实现交付，这时候所带来的产出远超一群个体。团队不仅关注作为外部API组成部分的代码，也会关注文档、上手过程、与其他团队的交互（无论是个体之间的还是通过聊天工具），以及其他一切团队需要与之交互的要素。

为了避免软件过大并最终让团队不堪重负，子系统或组件的大小需要按照团队所能管理的范围进行约束。特别是尽量避免超出一个团队的最大认知负荷，确保整个团队处于舒服的状态来应对复杂性和精力消耗。这种“团队规模架构”更加关注人本身，也是一种更加持久和符合人性的软件架构方法，这与单体架构或者微服务架构都不尽相同，因为后面的这些方法只关注技术本身。

康威定律的策略应用

早在1968年，梅尔·康威就洞察到组织的沟通结构与产出的系统设计之间存在关联性，并且这种关联性成了当今软件组织的一种强有力的抓手：“那些有助于设计者之间高效沟通的技术研究，将会在系统管理技术领域扮演一种极其重要的角色。”

在当今的环境和技术背景下，“设计者”可以被“软件团队”所取

代。换句话说，重构团队以及促进（或可能有意限制）团队之间的交流，更加有助于构建在生产环境中良好运行的系统，并且可以随着时间不断进化。也就是说，加强协作并不总意味着沟通成本上升。因此，如果我们希望具备在很短的前置时间内独立部署系统不同部分的能力，并且我们希望采用小而美的解耦服务来实现这个目标，那么我们同样需要小而美的团队，充分解耦，并且职责和边界足够清晰。

即便是在一个效能导向的组织中，受限于组织自身，他们也有可能无法采纳有效的技术和实践。比如，如果一个大型顶层设计的软件架构没法与团队沟通方式保持同步，那么也有可能失败。

微服务等构建和运行云软件的方法在满足人们需求的同时还增强了可部署性。如果团队能够理解系统全貌，对代码具有责任意识而不仅仅是被当成组装线上的工人，那么他们就拥有更好的机会创新和支持这些系统。利用第7章提到的承诺理论，有助于让团队对代码和API的责任感与日俱增。因此，开发和运行自有软件系统的组织必须重新调整组织，而不仅仅是沿用过去的方法。团队结构必须要匹配软件架构或者意料之外的生产设计风险。

进化组织设计以提升适应性和感知

组织不仅要及时思考团队结构，还需要随着技术和组织成熟度的提升来不断演进团队结构和沟通路径。技术和产品的探索期通常需要高度协作的环境且模糊团队边界来获得成功。但是，在探索活动完成（技术和产品已经步入正轨）后，依然保持同样的结构会导致浪费和误解。实际上，组织应该要求团队协作以探索新的模式和运行模式，并进一步将其下沉至平台和支撑工具中。

团队拓扑并非静态不变的，而是需要有能力（甚至预期能）随着环境变化而变化。决定采用哪种基本团队拓扑和交互模式涉及多种要素，最重要的就是要在某个时间点上完美匹配组织需求。

团队拓扑并非IT效能的全部

适用于软件系统的团队拓扑方法对世界范围内的众多组织展现了向前的一大步，深入洞察了如何及为什么不同团队采用不同的组织和交互模式，以及何时采用它们，并且提供了实际建议和特性环境下的模式。

然而，团队拓扑自身并不能带来高效的软件交付和运营组织。除本书中介绍的结构和动态建议之外，还有很多成功的必备要素。

- **健康的组织文化**：有助于个体和团队的专业开发环境，人们能够感到被赋能并且安全地对问题畅所欲言，组织同样鼓励持续学习。
- **优秀的工程实践**：测试优先的系统开发和设计，关注持续交付及可运维性实践，结对代码评审，避免将事故归结为单一原因，面向可测试性进行设计等。
- **良好的财务实践**：避免 IT 组织中将资本/运营支出错误地划分给不同的部门，或者至少通过工作抽样来预估资本/运营支出来降低负面影响，尽可能避免以项目驱动的截止日期和大量预算，并为团队或小组分配培训预算而非为个人。
- **清晰的业务愿景**：领导层为整个组织设立了清晰、没有冲突的愿景和方向，并且指定了与团队相关的时间规划（比如三个月、六个月和十二个月），优先级背后的清晰逻辑可以帮助组织成员理解如何及为什么选择这些目标。

你可以将其类比为新建和维护一个花园的必要要素：团队拓扑方法就好比花卉和植物的指导手册，兼具开垦和培养模式；而文化、工程能力、财务要素可类比土壤、水和肥料，让植物茁壮成长。

病态的文化、陈旧的工程实践及消极的财务影响扮演了花园中的毒素或者成长抑制剂。即便拥有团队拓扑带来的卓越的开垦、种植模式，由于环境条件的限制，软件也无法茁壮成长。

业务愿景的缺失就好比让一个团队建造一个花园，但不告诉他们任何有关建造这个花园的目的。我们是应该种植水果还是蔬菜？我们是要保证一年四季繁花似锦，还是仅仅夏天开花？这个花园是用于冥想还是其他目的？同样的道理，在组织中澄清目标和愿景可以帮助组织中的所有人设立一个场景，从而为达到这个目标采取不同的行动。

下一步：如何上手团队拓扑

1：从团队开始

首先，作为一个组织，需要扪心自问：团队要达成的目标是什么？

- 变成一个高效能团队？
- 高效负责软件的某个部分？
- 专注于满足用户需求？
- 降低不必要的认知负荷？
- 为其他团队提供软件和信息？

坦诚地回答这些问题会引入团队优先方法来提供办公场所、开发工具、可用平台、实际的子系统/领域拆分、团队友好架构、丰富的监控指标等。

从团队开始，能够带来其他使现代软件快速流动的重要能力：工作流一致、平台及额外的支持和增强团队工作的能力。

2：识别适合的变更工作流

每个组织都需要选择一组变更工作流，像流水线一样引导重要变更向下流动。这些工作流是组织内部工作流的核心，组织内部的所有其他工作都致力于直接或间接地帮助提升工作流。工作流的恰当选择在很大程度上取决于组织的特质，有如下这些典型的工作流。

- **面向市民的政府在线服务**：护照申请、纳税、医疗保险注册等任务导向的工作流。
- **银行业务产品**：在线金融管理、银行自动化转账业务、发票客户端等职责导向的工作流。
- **在线票务购买**：查询、买票和我的账户管理及退票等活动类工作流。
- **区域产品**：欧洲市场、北美市场、亚洲市场等地理相关工作流。
- **市场部门**：消费者、中小型业务、企业和大型公司等用户类工作流。

流动式团队应该匹配你识别出来的工作流。这些上层流程匹配了你所在组织的核心“变更压力”。如果没有清晰、明确的变更工作流，那么事先识别出工作流则通常是经济实惠的选择。

3：识别一个最小可行平台（TVP）

在明确了组织中最主要的工作流之后，接下来就需要识别用于支持可靠、快速的变更流程的服务。实际上，这些服务会构成工作流所依赖的平台，但是正如我们在第5章提到的，并不需要一个巨大且昂贵的平台。相反，平台应该“恰到好处”地满足工作流的需要：Wiki上的一系列文档有助于团队使用底层服务，构成一整套完整的内建用户技术解决方案，可以满足流动式团队的专业需要。

平台会随技术生态的演进而不断进化。平台团队起初会构建用户解决方案，比如技术设施管理，但几年后可能会放弃这些工作，转向一个更好的符合业界趋势的全新开源或云解决方案。

请记住：技术仅仅是平台的一个组成部分，路线图、演进指导、清晰的文档、对开发者体验的关注，以及对底层复杂实现的适度封装，都是面向流动式团队的有效交付平台的关键部分。

4：识别团队教练、导师、服务管理和文档方面的能力短板

拥有一个由平台支撑的基于核心变更工作流的团队优先方法，是组织的绝佳起点。然而，让这些工作步入正轨的能力/技术的多样化和不常见远超大多数组织的预期。正如我们在前面（特别是第5章和第7章）看到的那样，需要确保你的团队不仅由关注代码和计算系统的专业人士构成，也依赖于具备其他能力的成员。特别是需要成员的理解和关注。

> 我们故意略去了组织中进行大规模转型的细节。
>
> 对于组织变更的绝佳案例，可以参考Mary Lynn Manns和Linda Rising的工作。

- 团队教练
- 导师（特别是资深工程师）
- 服务管理（全类型团队和领域，不仅是生产系统）
- 良好书写的文档
- 过程改进

这些能力可以帮助组织中的团队持续改进他们的实践、沟通，与其他团队的交互，从而帮助整个组织安全地加快变更交付速度。所有专业运动团队都会考虑雇用教练和培训师，同样组织中的教练和培训师也不可或缺。

5：共享和实践不同的交互模式，解释新工作方法背后的原则

大多数人从没有真正体验过团队优先的工作方法，所以他们会感到很奇怪。花点时间解释和演示团队交互模式；解释为什么有些团队在一起而有些团队需要保持距离；解释康威定律的基础概念，以及精心设计的团队和内部交互模式是如何通过限制解决方案的范围及节省每个人的时间和精力来帮助改进所构建系统的软件架构的。

关注团队拓扑的人性方面：聚焦于团队、限制认知负荷、通过团队优先的办公布局和限制团队的自由沟通来降低噪声和减少打断。关注核心业务工作流方面的快速变更，通过一个“最小可行平台”和相关的团队教练提供支持。

以上这些，解释了团队拓扑方法是如何给人、软件系统和组织自身带来更好的产出的。

专业术语

API（*Application Programming Interface*，应用编程接口）：一种以编程的方式与软件交互的描述和规范。

单体应用（*Application Monolith*）：一个单一、大型的应用程序，它具备多种依赖和职责，对外提供多种服务及适用于不同的用户使用场景。

限界上下文（*Bounded Context*）：将一个较大的领域（或系统）模型划分为较小的单元，每个部分代表了一个内部一致的业务领域区域。

布鲁克斯定律（*Brooks's Law*）：弗雷德·布鲁克斯（Fred Brooks）提出的定律，他认为给团队添加新成员并不会立即提高团队的能力。

认知负荷（*Cognitive Load*）：进行中的工作项总量。

协作模式（*Collaboration Mode*）：团队间紧密协同工作。

复杂子系统团队（*Complicated-Subsystem Team*）：负责构建和维护系统组件，这些组件强依赖于专业领域知识。

康威定律（*Conway's Law*）：梅尔·康威（Mel Conway）提出的定律，即系统设计同设计它的组织的沟通结构保持一致。

领域复杂度（*Domain Complexity*）：软件试图要解决的问题的复杂度。

邓巴数字（*Dunbar's Number*）：人类学家罗宾·邓巴（Robin Dunbar）提出，一个人最多只能信任15个人，而其中只有5个人可以被熟知和获得深度信任。

赋能团队（*Enabling Team*）：由特定技术（或产品）领域专家组成的团队，他们可以弥补组织的能力短板。

额外认知负荷（*Extraneous Cognitive Load*）：与正在执行的任务所处的环境相关（例如，“我要如何再次部署这个组件？”“我要如何配置这个服务？”）。

促进模式（*Facilitating Mode*）：团队帮助其他团队或者得到其他团队的帮助来清除障碍。

变更流程（*Flow of Change*）：软件服务或系统的相关更新或变更工作流，通常与用户目标或其他业务关注点保持一致。

断裂面（*Fracture Plane*）：软件系统中的自然“接缝”，通过它们可以很容易地将系统分成两个或多个部分。

相关认知负荷（*Germane Cognitive Load*）：与学习或获得高性能所需要特别关注的任务相关（例如，“此服务应如何与ABC服务交互？”）。

固有认知负荷（*Intrinsic Cognitive Load*）：与问题空间的基本认知任务相关（例如，“Java类的结构是怎样的？”“我该如何创建一个新方法？”）。

单体数据库（*Joined-at-the-Database Monolith*）：将多种应用和服务耦合在同一个数据库结构方案（Scheme）中，使其难以独立地变更、测试和部署。

单体构建（*Monolithic Build*）：使用一个巨大的持续集成（CI）服务来构建新版本组件。

单体模型（*Monolithic Model*）：在不同环境中试图强制使用单一领域

语言和表达式（格式）的软件。

单体发布（*Monolithic Release*）：由一系列小组件共同构成一次“发布”。

单体思维（*Monolithic Thinking*）：“一刀切”的团队思维模式所带来的不必要的团队间技术和实现方法的限制。

单体工作空间（*Monolithic Workplace*）：同一地理位置的所有团队和个人的单一办公布局模式。

组织感知（*Organizational Sensing*）：团队及团队内外部的沟通构成了组织的“感知”（视觉、听觉、触觉、嗅觉和味觉）。

平台团队（*Platform Team*）：使流动式团队能够交付工作，并拥有很大的自主权。

逆康威定律（*Reverse Conway Maneuver*）：一个组织需要持续保持团队和组织结构的演进，从而实现理想的系统架构。

流动式团队（*Stream-Aligned Team*）：团队专注于一条单一、有价值的工作流。

团队*API*（*Team API*）：每个团队之间的API。

团队拓扑（*Team Topologies*）：组织设计模型，它为现代软件密集型企业提供了一种关键的与技术无关的机制，从而能响应必要的策略变更（无论是从业务视角还是从技术视角来说）。

最小可行平台（*Thinnest Viable Platform*）：确保平台有助于加速和简化交付流程的同时又不会变得过分臃肿的一种巧妙平衡。

服务模式（*X-as-a-Service Mode*）：通过最小化协作来使用或提供某项服务。

推荐阅读

关于可靠性、快速流动的关键管理概念和实践

- *Accelerate: The Science of Lean Software and DevOps: Building and Scaling High Performing Technology Organizations* by Nicole Forsgren, PhD, Jez Humble, and Gene Kim (Portland, Oregon: IT Revolution, 2018).
- *Designing Delivery: Rethinking IT in the Digital Service Economy* by Jeff Sussna (Beijing: O'Reilly Media, 2015).
- *Fearless Change: Patterns for Introducing New Ideas* by Mary Lynn Manns and Linda Rising (Boston: Addison Wesley, 2004).

关于组织、软件和系统的关键实践和方法

- *Team Genius: The New Science of High-Performing Organizations* by Rich Karlgaard and Michael S. Malone (New York, NY: HarperBusiness, 2015).
- *Agile Development in the Large: Diving into the Deep* by Jutta Eckstein (New York: Dorset House Publishing Co Inc.,US, 2004).
- *Domain-Driven Design: Tackling Complexity in the Heart of Software* by Eric Evans (Boston: Addison-Wesley, 2003).
- *Thinking in Promises* by Mark Burgess (Sebastopol, California: O'Reilly Media, 2015).

关于支持快速流动的关键工程实践

- *Continuous Delivery: Reliable Software Releases through Build, Test, and Deployment Automation* by Jez Humble and David Farley (Upper Saddle River, NJ: Addison Wesley, 2010).
- *Release It! Design and Deploy Production-Ready Software* by Michael T. Nygard (Raleigh, North Carolina: O'Reilly, 2018).
- *Team Guide to Software Operability*, Team Guide Series 1, by Matthew Skelton and Rob Thatcher (Leeds, UK: Conflux Books, 2016).
- *Team Guide to Software Testability*, Team Guide Series 3, by Ash Winter and Rob Meaney (Leeds, UK: Conflux Books, 2018).
- *Team Guide to Software Releasability*, Team Guide Series 4, by Manuel Pais and Chris O'Dell (Leeds, UK: Conflux Books, 2018).

致谢

写书是一件依赖于广泛协作的任务，如果没有他人的帮助，本书是不可能完成的。我们希望由衷地感谢花费大量时间给本书提供反馈的评审专家们：Charles Betz、Jeremy Brown、Joanne Molesky、Nick Tune和Ruth Malan。我们还要感谢本书中案例学习和行业实例的作者和发起人：Albert Bertilsson、Anders Ivarsson、Andy Humphrey、Andy Rubio、Damien Daly、Dave Hotchkiss、Dave Whyte、Eric Minick、Fernando Cornago、Gustaf Nilsson Kotte、Henrik Kniberg、Ian Watson、Markus Rautert、Michael Lambert、Michael Maibaum、Miguel Antunes、Paul Ingles、Pulak Agrawal、Robin Weston、Stephanie Sheehan和Wolfgang John。

我们要感谢对原始DevOps拓扑模式做出贡献的所有人员，特别是James Betteley、Jamie Buchanan、John Clapham、Kevin Hinde和Matt Franz。特别要感谢John Cutler热情提供给团队拓扑方法的外部视角，以及Gareth Rushgrove帮助原始团队拓扑模式拓展了大量受众。我们同样希望感谢来自Conflux的同事Jovile Bartkeviciute，他不知疲倦地进行了大量研究。

IT Revolution出版社的团队是如此优秀，特别是Anna Noak、Lean Brown及其他编辑和设计师。我们衷心感谢他们的建议、支持和热情。特别感谢Gene Kim邀请我们参加了2017年DevOps企业峰会伦敦站的分享演讲，这帮助我们认识到团队拓扑想法的潜在价值。

最后，我们想感谢以下同仁，正是他们的思想、演讲和著作激发了我们对于团队和软件之间迷人关系的兴趣，并帮助这本书成为现实：Allan Kelly、Andy Longshaw、Charles T. Betz、Donella Meadows、James Lewis、Gene Kim、Mel Conway、Mirco Hering、Rachel Laycock、Ruth Malan和Randy Shoup。

作者简介

Matthew Skelton从1998年开始开发、部署和运维商业软件系统，他曾就职于伦敦证券交易所、GlaxoSmithKline、FT.com、LexisNexis及伦敦政府。作为Conflux的首席咨询师，Matthew是2016年出版的*Continuous Delivery with Windows and .NET*和*Team Guide to Software Operability*两本书的合著者。Matthew拥有雷丁大学计算机和控制学专业的学士学位，以及牛津大学神经系统科学专业的硕士学位，并且他也是开放大学的音乐文学硕士，还是英国特许工程师（CEng）。在业余时间，他的兴趣是吹小号、参与唱诗班、作曲及越野跑。

Manuel Pais是DevOps和持续交付领域的一位独立咨询师，专注于团队设计、实践和流程方面。他通过策略评估、实践工作坊和教练服务来帮助组织定义和实践DevOps与持续交付（包括技术方面和人员方面）。他是2018年出版的*Team Guide to Software Releasability*一书的合著者。

Matthew和Manuel共同为世界范围内的多家公司进行现代软件系统的组织设计。他们在现代软件系统组织设计方面的培训课程帮助无数企业重新思考团队间交互和软件架构设计的方法，以改善工作流和软件交付的效能。